# 大唐盛世的百年征伐

## 定鼎長安

霍邑舉義首戰 × 爭奪河西走廊 × 平定幽州 × 收復河東……

飲馬出長城，

李唐統一江山的征戰史詩！

孔欣 著

登山麾武節，背水縱神兵。

在昔戎戈動，今來宇宙平。

李氏推翻隋朝得天下，

在金戈鐵馬中拉開大唐盛世的序幕！

# 目錄

# 第一篇

## 定鼎長安

隋朝大業末年，好大喜功的隋煬帝楊廣連續三年三次親征高句麗，但三次都是耗費靡多，損兵折將，無功而返。由於長期對外征戰導致的窮兵黷武和橫徵暴斂，楊廣終於將他的強盛隋朝折騰得千瘡百孔，民怨鼎沸。為了躲避苛捐雜稅，為了活命，老百姓紛紛揭竿而起反抗暴政。

在第二次親征高句麗的時候，楊廣委派大臣楊玄感在黎陽督糧，結果楊玄感趁著楊廣身處遼東，無暇顧及後方，在河南發動兵變，圍攻東都洛陽。雖然楊玄感最後兵敗身死，但是這次事件導致楊廣更加猜忌身邊的大臣將領，展開了大規模地清洗和殺戮，使得隋朝的民變轉化為更加洶湧的手握重兵的將領兵變，這嚴重動搖了楊廣的統治根基，敲響了隋王朝覆滅的喪鐘。

在楊廣猜忌的名單當中，唐國公李淵首當其衝。於是，大業十三年（西元六一七年），李淵趁著楊廣南巡江都揚州的時候，和他三個兒子李建成、李世民、李元吉在晉陽，也就是現在的山西太原起兵反隋，之後目標直指關中，拉開了大唐創立的序幕。

# 第一章　李氏當為天子

隋朝末年民間流傳一句讖語「李氏當為天子」，這句讖語讓當時的隋煬帝楊廣如坐針氈、芒刺在背。李淵以及他的李氏家族就是在這樣的讖語背景下應機而動、應勢而出。

## 一　我就是豪門

提起大唐，大家首先想到的一定是「千古一帝」，開創貞觀之治的唐太宗李世民，但是說起大唐的建立，那就一定避不開李世民的父親唐高祖李淵。雖然，由於後世史料的諸多不實記載，李淵的歷史光芒完全被李世民所掩蓋，但不可否認，盛世大唐開創的主要功績必須歸功於唐高祖李淵。

李淵，如果在現代，就是含著金湯匙出生的貴冑二代，七歲即襲爵唐國公。其父李昞，官至北周的安州總管，祖父李虎是西魏八柱國之一，官至太尉，因戰功卓越，死後被北周追封為唐國公。

說到這裡大家可能會有點疑惑，為什麼西魏的八柱國之一會被北周追封為唐國公呢？我們稍微整理一下魏晉南北朝時期北朝發生的一些主要事情。西元三八六年，鮮卑族首領拓跋珪建立北魏。西元四九四年，北魏孝文帝拓跋宏遷都洛陽並進行漢化改革，自己也改漢姓元，故又名元宏。西元五三四年，北魏孝武帝元脩為擺脫權臣高歡的控制，從洛陽投奔長安的宇文泰，而高歡則另立元善見當皇帝，並將首都從洛陽遷到鄴城（今河北臨漳）。至此，北魏帝國分裂為東西兩部分，位於長安的由宇文泰實際控制的西部，歷史上稱為西魏。

後來宇文泰之姪宇文護逼迫西魏恭帝讓位於宇文覺建立北周，追封已故的八柱國之一李虎為唐國公，再往後就是隋文帝楊堅取代北周，建立隋朝。

從西魏到北周再到隋朝，不管朝代如何變遷，李淵及其父祖輩都是官居高位，可謂是世襲軍事貴胄。其祖父李虎更是西魏八柱國之一，是處在當時權力金字塔最頂尖的八人之一。

八柱國分別是宇文泰、元欣、李虎、李弼、趙貴、于謹、獨孤信、侯莫陳崇。除了李虎，這裡面要重點說說宇文泰、李弼和獨孤信。

宇文泰，八柱國之首，西魏政局的實際掌控者，後其姪宇文護迫使西魏恭帝禪位於宇文覺（宇文泰之子），建立北周政權，並追尊宇文泰為北周文帝；李弼，西魏時期官至太保、太傅、大司徒，北周時期晉升太師，死後追封魏國公，是李密的曾祖父。這個李密就是隋末義軍紛起時圍攻東都洛陽的天下盟主、瓦崗軍首領李密。

獨孤信，這個人要特別說一說。我們都知道隋文帝楊堅的皇后叫獨孤伽羅，是獨孤信的七女兒，而獨孤信的四女兒則嫁給了唐國公李昞，生的兒子就是後來的唐高祖李淵。楊堅是隋朝的開國皇帝，李淵建立唐朝後也追封他的父親李昞為皇帝，如果再往前算，獨孤信的長女也是北周明帝的皇后，所以說，獨孤信三個女婿都是皇帝，還是三個不同朝代的皇帝，真可以稱為當時的最強老丈人。

這麼一看，李淵和楊廣的母親是親姊妹，他們倆是姨表兄弟，唐太宗李世民則是楊廣的表姪子。這樣一梳理大家是不是都會覺得，隋唐交替簡直稱不上王朝更迭，更像是在「大家庭」內部換了一個人當「家長」。

當然，這個「大家庭」不僅僅指的是楊、李二家，它是一個關係盤根錯節、利益錯綜複雜，以西魏朝的八大柱國為核心，包括諸如隋國公楊忠（隋文帝楊堅的父親）等北朝其他勳貴成員的「大家族」，歷史上將這個「大家族」稱為關隴集團。

正當南朝宋、齊、梁、陳朝代更迭之際，王、謝等南方高門大族不斷衰微，舊時王謝堂前燕，飛入尋常百姓家之時，北朝的關隴集團迅速崛起，以軍功著稱，建立並控制了西魏、北周、隋、唐等數個朝代，深刻地影響了中國的歷史進程。

## 二　李唐皇室來自哪裡？

根據唐朝的官方記載，李唐皇室是隴西李氏的後裔，而隴西李氏的代表人物是

隋唐宗親關係圖譜

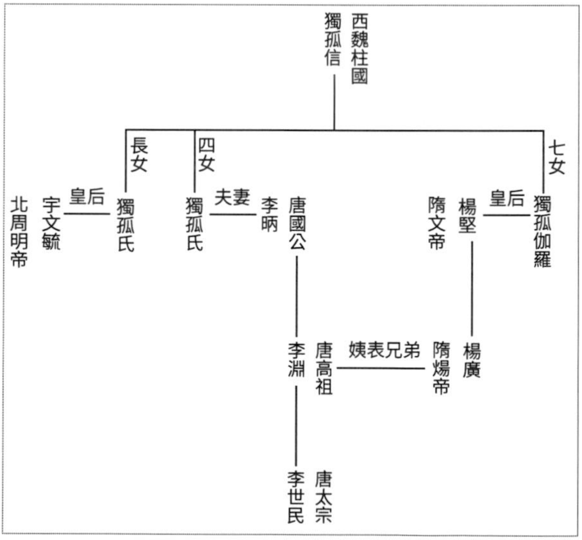

漢武帝時期威震邊疆，被匈奴人尊稱為「飛將軍」的李廣及其後代。

李淵的祖父李虎，祖籍隴西成紀，今甘肅天水秦安縣，其五世祖是十六國時期西涼國開國君主李皓（也稱李暠），而李皓則自稱是李廣的十六世孫。

但是，後世對於李唐皇室的起源是有很大爭議的，至今也沒能形成定論。最主要的說法有三種：一是李唐皇室確係隴西李氏之後；二是李唐皇室出自趙郡李氏，是鮮卑化的漢人；三是李唐皇室源自武川鎮，今內蒙古武川縣，從其祖上的名字李初古拔、李買得來看，很有可能是改漢姓後的鮮卑人。

關於這一起歷史懸案，史上一直爭論不休，但經過魏晉南北朝近三百年的民族大融合，特別是北朝不斷地漢化、胡化，大量的賜姓、改姓及大範圍的民族遷徙，這個歷史的謎團已經很難解開了。我想，關於「李唐皇室來自哪裡」的問題，應該從血統和文化兩方面來進行分析。

血統方面。堅持李唐皇室是漢人，確係隴西李氏之後觀點的人認為，西魏距離西涼，時間跨度上並不大，而且從李皓到李虎不過歷經五代，代際間隔也不算大，在古代中國這種非常注重父系世表的環境下，出錯或者隨意竄改的可能性並不大。至於李初古拔、李買得這種漢姓鮮卑名的情況，在鮮卑政權下為官，改名也是再正常不過的事情。這一觀點被新舊《唐書》、《資治通鑑》等眾多官方史料所採納。堅持李唐皇室是胡人觀點的理由，則來自唐朝一些人物傳記和私人筆記的記載，比如釋彥悰的《唐護法沙門法琳別傳》、劉餗的《隋唐嘉話》等。可以看出李唐皇室是官方身分明確，而民間記載有爭議的漢人。

既然父系血統有爭論，我們再來看看母系出身。李淵的母親獨孤氏毫無疑問是鮮卑人。李淵的妻子，太穆皇后竇氏是北周定州總管竇毅的女兒，祖上姓紇豆陵，這也是個鮮卑姓氏。但據史料記載，紇豆陵姓源自於東漢大鴻臚竇章，竇章的後代因「竇武之難」北逃匈奴才改姓紇豆陵，可是這個觀點歷史上是有爭議的，所以我們姑且認為竇氏是已經鮮卑化的漢人。李世民的妻子，文德皇后長孫氏，隋朝右驍衛將軍長孫晟的女兒，北魏皇室宗親，毫無疑問也是鮮卑人。

透過對李唐皇室父系、母系出身的分析，可以看出，李唐皇室是混有胡人血統。

文化習俗方面。在文化認同方面，李唐皇室是毫無疑義的漢人。李唐皇室一直堅稱自己是漢人，他們穿漢服，講漢語，施行漢族禮儀，採用漢族制度，在這方面他們就是漢人，至少是文化上的漢人。在習俗方面，他們又延續胡人傳統，也就是我們所說的「大有胡風」。

所以總體上我們可以得出結論，李唐皇室是以漢文化為根，兼具胡風，混有胡人血統的漢人。

其實，經過千年的變遷，已經很難穿透歷史的迷霧，一窺歷史的真相了。同時，經過不斷地民族融合，漢民族的民族認同也更多地展現在對文化的認同上，而不僅僅只是血緣上的親同，我們也不必過於糾結於其中，應該跳出這個歷史的窠臼。

當代，有很多人以李唐王朝「大有胡風」，比如唐太宗李世民經常在宴請群臣的時候大跳胡舞，他的太子李承乾更是著突厥衫、說突厥語、住突厥帳篷，而唐高宗李治將自己的庶母、唐太宗的才人武媚娘納入後宮——更是胡人才有的異俗，就認為李唐皇室是異族，非我族類。

這樣的觀點其實不值一駁，它站不住腳。秦漢時期，我們不是經常看到在歡宴的時候，人們仗劍起舞、和酒而歌嗎？！趙武靈王的胡服騎射豈不是比李承乾的胡化更徹底？至於唐高宗李治的做法，在中國歷朝歷代的宮廷裡，這樣的事難道發生的還少嗎？

應該說，這種胡風更說明在中國歷史上有過灑脫不拘，具備包容外放，只是隨著歷史的發展，越往後越是遺失了這些寶貴的傳統，而變得越來越內斂，越來越蹣跚了。

## 三　楊花落，李花開

隋大業末年，天下紛亂，民變和兵變此起彼伏，這使得楊廣的猜忌之心越來越重。而在此時，民間開始流傳「楊花落，李花開」的讖語，有人就勸楊廣殺光天下李姓之人。

那是不是真要殺盡天下姓李的人呢？顯然這是不現實的，也是做不到的。那怎麼辦呢？那就重點盤查，找最有可能、最位高權重、社會勢力最強大的李姓人員下手。大家第一個想到的可能就是李淵，他可是關隴集團最頂層的人物，西魏八柱國之一李虎的孫子啊！

但此時楊廣對準的目標不是李淵，而是隋朝開國第一功臣申國公李穆的姪孫、隋文帝楊堅的外孫女婿、楊廣的外甥女婿李敏。因為李敏不但家世顯赫、位高權重，更要命的是他還有一個小名叫洪兒——隋文帝楊堅曾經做過一個夢，夢見洪水把都城大興（即長安城）給沖垮了，這可不得了，不但應了語讖還應了夢讖。

李敏知道後害怕了，就去找他的堂叔李渾商量，但壞就壞在這裡，李渾曾經得罪過楊廣的寵臣、隋朝「五貴」之首的宇文述。

事情是這麼回事，李渾是李穆的第十個兒子，李穆死後，按照古時候的傳統，李穆的世襲爵位和食邑要傳給嫡長子，但很不幸，他的嫡長子早早就死了，那就只有傳給嫡長子的嫡長子，也就是李穆的嫡長孫、李渾的大姪子。

看到父親留下來的偌大家業要便宜了大姪子，李渾動起了歪腦筋，他唆使其他姪子把這個大姪子給殺了。但殺死大姪子，也不一定能輪到李渾啊！這個時候李渾想到一個辦法，巴結太子宮左衛率宇文述（當時的楊廣還沒有繼位稱帝，還當著東宮太子）。

李渾知道宇文述貪財，就許諾說一旦他繼承了父親的爵位和財產，就拿出一半來答謝宇文述。見錢眼開的宇文述就去向太子楊廣求情，替李渾說好話，什麼「有長則立長，無長則立賢」「李渾是李穆兒子中最賢德的一個」。楊廣將此事轉奏給他的父親楊堅，楊堅就下旨讓李渾繼承了李穆的爵位和食邑。達到目的後的李渾卻隻字不提之前的承諾了。

就因為這件事，李渾可是將宇文述給開罪了，宇文述也一直在等待機會整死李渾。

當李敏頻繁地找李渾時，宇文述覺得機會來了——這還了得，不但應了讖語，還經常聯繫家族勢力，這不就是要謀反嘛！隱忍多時的宇文述終於逮到機會在楊廣面前狠狠參了李渾一本。楊廣於是讓御史審理此案。雖然找不到李渾、李敏任何謀反的證據，但這個時候，身為應符讖語的李氏，他們已經被楊廣在心中判了死刑。

楊廣將案件交給宇文述親自審理，並讓宇文述竭力追究李渾之罪。得到皇帝的授意，宇文述就不客氣了，他威逼引誘李敏的妻子，也就是楊廣的外甥女宇文娥英寫了一封告密信，楊廣看到這封信後下令將李渾、李敏等李氏族人三十二人全部刑殺。

李渾、李敏等李氏族人被殺事件使得朝堂震動，特別是其他李姓大臣更是驚慌一片。此時的李淵正擔任河東撫慰使，他的副使夏侯端就勸他說：楊廣性情猜忌，現在因為「楊花落，李花開」的傳言殺了李渾，那下一步就將對您動手了，要早做準備啊！李淵當時聽了這番話的反應是「感其言」，也就是說，李淵深以為然。

雖然此時李淵還沒有反隋的打算，但至少心中已另作他想了。那麼楊廣對李淵這朵「李花」現在又是什麼態度呢？

早在大業九年（西元六一三年）楊玄感兵變剛剛平定的時候，楊廣派遣李淵抓捕弘化太守元宏嗣（楊玄感起兵後聲稱元宏嗣一同謀反），並接任弘化郡守，統領潼關以西十三郡的全部兵馬，但很快楊廣便開始猜忌李淵，剝奪了他的兵權。《新唐書》裡面記載有這麼一件事：嘗以事召高祖，高祖遇疾，不時謁。高祖有甥王氏在後宮，煬帝問之，王氏對以疾，煬帝曰：「可得死否？」看到這裡大家是不是有種後背發涼，汗毛都要立起來的感覺？李淵生病了，不能去拜見楊廣，楊廣就問李淵的外甥女王氏，「能不能死了呢？」這是催人死的節奏啊！死了沒有？要沒死是不是應該早點死？要知道君無戲言，楊廣再多加半句，這把血淋淋的屠刀也就落下了。

自此以後，李淵害怕了，開始放飛自我，寄情於酒色之中，說白了就是裝瘋賣傻，自我掩飾，以期逃過此劫。

《新唐書》裡還記載有一件事，過程更驚險，情節更曲折。此事發生在大業十三年（西元六一七年），此時天下已大亂，楊廣南巡江都，李淵身為太原留守率兵抵抗犯邊的突厥。

因為李淵戍邊無力，兵敗突厥，楊廣派出使者赴太原捉拿李淵到江都問罪。李世民聽聞後催促父親趕緊起兵，但不知什麼原因，楊廣又另派出使者赦免了李淵。這次李淵真的是千鈞一髮、命懸一線，因為此時不管是被擒還是起兵下場都是一死。

被楊廣捉到江都，必死；起兵，仍然必死。因為事起倉促，李淵未做任何準備，而且楊廣安排了兩名親信愛將王威、高君雅在李淵身邊做副使——名義上是協助，實際上是監控。

說起來這事也真的頗蹊蹺，當時天下大亂，楊廣派往各地的使者幾乎沒有能夠順利抵達的，但偏偏就是這個傳遞赦免命令的使者順利抵達了太原，真是冥冥中有天意。《大唐創業起居注》記載有李淵這麼一段話：「吾聞唯神也不行而至，不疾而速。此使之行，可謂神也。天其以此使促吾，當見機而作。」經過這些猜忌和驚險後，李淵真的要應天承命見機而作了。

# 第二章　萬事俱備，晉陽起兵

應天承命的李淵準備見機而作，他現在最需要的就是良好的內外部環境。當然有些環境可以創造，有些環境需要耐心等待，有些就需要些許運氣了。

## 一　唐公入唐地

大業十二年（西元六一六年），楊廣巡幸樓煩，今山西忻州一帶。李淵奉使安撫太原，「因私喜此行，以為天授」。

大業十三年（西元六一七年），楊廣下詔任命李淵為太原留守，李淵「遂私竊喜甚」，並且對李世民說：「我是唐國公，而太原就是我的封地，今天我被派到這裡來，真是老天賜予啊！」

李淵兩次因為被外放到山西太原而偷偷地高興，甚至認為這是老天賜予的。可是此時的太原並不是什麼好地方，而是隋朝抵禦突厥的邊疆重地。楊廣雖然將李淵外放，但對他並不放心，專門派遣心腹愛將王威、高君雅到太原監視李淵。

那李淵為什麼會「私竊喜甚」呢？

其實，對於此刻的李淵來講，太原確實是個大福之地。一是離得遠，特別是離楊廣最後巡幸之地江都更加的遠，這使得李淵遠離了猜忌和殺戮；二是靠得近，李淵是關隴貴族出身，關中是他的大本營，而山西離關中就隔了條黃河；三是好兆頭，就像李淵自己說的，唐國公被派到唐地，相當於回歸故土，有利於已經有起兵打算的李淵積蓄力量。

說到這裡，一起來看看李淵是如何下定起兵反隋的決心的。有三點因素：

一是天下的大勢。此時天下的總體形勢就是「亂」，而且是「大亂」。隋王朝大廈將傾，已經對整個局面失去了控制，特別是對中原和關中的掌控已形同虛設。楊廣巡幸江都，雖然在這裡仍然用「巡幸」二字，但實際上用「退避」二字更加貼切，幾乎整個北方地區就像是燙手的山芋一樣，被他甩手給扔掉了。

面對這種天下情勢，但凡有點實力、有點本錢的人無外乎兩種選擇：一是放手一搏，成王敗寇，富貴險中求；另一則是擇木而棲，選擇一個明主託身侍奉。像李淵這種關隴集團的代表人物該做出何種選擇是再明白不過的了。

二是楊廣的猜忌。隨著天下大亂，各地的反叛也越來越頻繁，楊廣對身邊的臣子也越來越不信任。有時候越是親近的大臣，越是受到猜忌，哪怕你是皇親國戚。況且是面對那些應天改命的讖語，李淵簡直是懷璧其罪，百口莫辯，因為這觸動了帝王最敏感的神經，這是對帝王利益最大的威脅和挑戰。

如果被猜忌之人不早做準備，早下決心，那這種猜忌隨時會轉變成血淋淋的屠刀。

三是個人的野心。這個也是最大的原因，因為內因還是會產生決定作用的。從「奉使安撫」到「敕帝為太原留守」，李淵兩次「私喜」就可以看出，其時他已經有了代隋自立的野心，而且是在唐堯故地太原，以唐國公的身分代隋自立的勃勃野心。

## 二　晉陽初起

據史書記載，李淵起兵是在他的二兒子李世民極力攛掇和設計誘騙下不得不為的。

大致經過是這樣的，李淵被封為太原留守後，整日飲酒作樂，不思進取，而楊廣對李淵的猜忌卻在一天天加深。內心焦慮不安的李世民看到天下大亂，隋室欲墜，可是李淵仍然猶豫不決、當斷不斷，就開始偷偷進行各項準備工作，瞞著李淵私底下拉攏地方大員，結識掌兵武將，收買民心。

但此時的李世民只是個十七八歲的青年，沒有任何決斷權，最終拍板定案還得靠李淵，李世民就和晉陽宮監裴寂商量如何刺激李淵盡快起兵。

李世民和裴寂商量趁李淵酒醉後，偷偷從晉陽宮裡找來兩名楊廣的妃子侍寢李淵。酒醒後的李淵感到非常害怕，和皇帝的妃子上床，這事要是傳出去，幾個腦袋都不夠砍。李世民就以此事勸李淵，讓他趁早起兵。但就算是在這種情況下，李淵還是躊躇難決，甚至想抓李世民去見官，最後還是因為他是自己親生兒子才作罷。

後來李淵兵敗突厥，楊廣要捉拿他赴江都問罪，李世民再次進諫。看到大難臨頭，李淵勉勉強強答應了，並說出了現代唐宮劇中經常會出現的一句話：「今日破家亡軀由汝，化家為國亦由汝矣！」生死全憑李世民做主了，自己一點主張都沒有。

事情真是這樣嗎？完全不是。

舉一個例子，史書上記載李世民結識晉陽宮監裴寂，是透過賭錢並故意輸給他幾百萬錢，以這種金錢輸送的方式刻意結識的。但那個時候李世民還只是個小夥子，雖然古時候的男子成年得早，但要沒有父親李淵的私下授意，李世民哪來的幾百萬私房錢收買人心？

根據《大唐創業起居注》的記載：「仍命皇太子於河東潛結英俊，秦王於晉陽密招豪友。」也就是說不光是李世民，還包括大兒子李建成和四兒子李元吉，所有的準備工作都是在李淵的授意下進行的。因為這個時候時機敏感，李淵身為唐國公、太原留守親自出馬做這些事，目標太大，容易暴露，要知道王威和高君雅還緊盯著他呢！

後來史書都將李淵描繪成寬仁的，甚至庸碌無為、優柔寡斷的皇帝。這應該是李世民繼位後，為了抬高自己而竄改了相應的史料。這個結論已經被眾多史學專家認可，有眾多文獻資料可對此論點進行充分論證。

李樹桐教授的〈論唐高祖之才略〉、〈唐太宗的模仿高祖及其對唐帝國的影響〉兩文就指出：「世皆稱唐高祖庸愚無能，處處受太宗的指導，其實，這是太宗即位後，史官為溢太宗之美而造出來的。高祖頗具才能，而太宗行事常模仿高祖。」

歷史上真實的李淵是個相當成熟冷靜的領導者、政治家，能夠在繁雜局面下綜合各方意見，迅速做出正確的判斷和選擇，並一步步堅定地去實現。

從前文的論述中可以看出，李淵在一步步有條不紊地實現心中目標。但面對起兵這個問題，李淵確實是猶豫的，倒不是猶豫該不該反隋，而是猶豫該以什麼樣的方式反隋自立，從而取得最好的效果。

猶豫歸猶豫，李淵的各項準備工作可沒耽擱。起兵是個大工程，謀臣、武將、兵馬、軍費、民心等缺一不可，李淵是如何做準備的呢？

一是結納地方實力派。最主要的兩個人是劉文靜和裴寂。

劉文靜曾經擔任晉陽令，也就是太原的父母官，掌管著晉陽行政、人事等大權，熟悉晉陽的政府運作方式。結交劉文靜可以很方便地透過釋出行政命令的方式，進行各項工作部署。

裴寂就更不簡單了，出身於河東裴氏——盛名久著的一大世家。隋唐時期的裴仁基、裴行儉父子，裴政、裴矩、裴炎等都出自河東裴氏。此時的裴寂擔任晉陽宮監，也就是皇家宮殿的大管家。一般來講，只有皇帝非常信任的人，才能夠擔任如此重要、如此親近皇家的職務。晉陽宮是楊廣經常巡幸的地方，宮內財貨堆積如山。結納裴寂不但相當於在楊廣身邊安排了一個耳目，便於掌握朝廷動態，起兵時更是能夠獲得大量的錢貨軍資。

事實上，李淵和裴寂一直私交甚厚，兩人關係亦主亦友，非同一般。唐朝建立後，李淵對裴寂尊崇無比，授予他鑄錢的特權。後來裴寂請求致仕，告老還鄉，李淵傷心得涕淚橫流，要和裴寂一起逍遙晚歲，真是有點執子之手，與子偕老的感覺。

二是結交將領。起兵就要打仗，打仗就需要指揮作戰的將領，這個時候剛好有三名隋朝武官因逃避東征高句麗之役，躲到了晉陽。他們分別是右勳衛長孫順德、右勳侍劉弘基以及左親衛竇琮。李淵派李世民去結交這幾名將領，很快將他們引為心腹死黨。

三是招兵買馬。在當時，私募士兵可是死罪，況且要避開王威、高君雅兩條眼線也不容易。正巧此時馬邑人劉武周舉兵起義，並很快進占汾陽宮，李淵敏銳地抓住這個時機，以討伐劉武周的名義四處募兵，很快就招募到一萬多人的部隊。

四是擾亂民心。李淵指使劉文靜偽造楊廣詔書，並公開釋出於太原及其周邊地區，詔書的內容大意是：征太原、西河、雁門、馬邑等地方男子，通通集中到涿郡（今北京市），年底再去攻打高句麗。這道偽詔一釋出可不得了，太原及周邊地區群情激憤，老百姓紛紛揭竿而起，嚴重動搖了隋朝在太原地區的統治根基。

看到準備工作已經就緒，時機也已成熟，大業十三年（西元六一七年）五月，李淵以勾結突厥的罪名，捉拿並殺死王威和高君雅，拔掉楊廣安插在他身邊的眼線。同時，為獲取突厥的支持，李淵派遣劉文靜出使突厥，手書突厥始畢可汗，告訴他：「我欲舉義兵保國安民，只要您肯幫我，今後打仗所得的金銀財寶、漂亮女人全歸您。」始畢可汗也覆書一封，大意是：你也不用保護隋室了，自己當皇帝得了，我一定幫你。

裴寂等人也紛紛勸李淵自立，但他沒有同意。身為一名成熟的政治家，李淵頭腦還是清醒的，只是讓屬下們「諸賢宜更三思，以謀其次」，就是要大家三思而後行，別衝動。

六月，李建成和李元吉從河東抵達晉陽，這次裴寂等人懇請李淵效仿伊尹、霍光的故事，廢楊廣而立代王楊侑。

這回李淵終於首肯了，「如此所作，可謂掩耳盜鐘。事機相迫，不得不爾」。不過這句話真是句大實話，連李淵自己都承認這是掩耳盜鐘之舉。

七月，李淵讓李元吉留守太原，一切後方事務都委託他處理。同時，遙尊身在江都的楊廣為太上皇，立代王楊侑為皇帝，並傳檄天下，打著「忠於隋室」的旗號於晉陽起兵。

李淵沒有反隋自立，應該說是經過慎重考慮後做出的正確選擇。如果這個時候反隋自立，甚至稱帝的話，很容易成為隋室還有其他割據勢力攻擊的靶子。在起兵之初就成為各方攻擊中心的話，結局只有一個，那就是出師未捷身先死。

## 第三章　目標關中

大業十三年（西元六一七年）七月，李淵晉陽起兵。這一年天下崩亂，義軍四起，有的割據一地，自立稱王，像梁師都、薛舉、李軌等人；有的四處劫掠，為禍成盜，像孟讓、盧明月、左才相等人。

胸有大格局的李淵絕對不會像這些人一樣，割據一隅，滿足於占據晉陽，更不會漫無目標，成為盜匪。他從起兵之初就有清晰的全域性規劃和明確的策略目標。

李淵下一步策略目標是什麼呢？他要將擁護他的文臣武將和數萬兵馬帶向何方呢？他要如何更好地發展、壯大自己呢？從李淵的出身及李淵立代王楊侑為皇帝的行為不難看出，他的下一個目標就是關中大地。

## 一 廢楊廣，立楊侑

西元六一七年，風雨飄搖的隋王朝被分成了三塊。一是楊廣避難的江都揚州，二是越王楊侗留守的東都洛陽，三是代王楊侑留守的京城長安。

李淵為什麼會選擇立楊侑呢？

代王楊侑，「性聰敏，有氣度」，是楊廣之孫，元德太子楊昭的第三子。這麼一看李淵選擇楊侑太對了！楊侑多好啊！聰明又氣度不凡，還是太子的兒子，隋朝皇室的直系血親。

那再來看看楊侗。越王楊侗，「美姿容，性寬厚」，元德太子楊昭的第二子。兩相一比較，是不是覺得楊侗更適合呢！他是太子楊昭的次子，年紀也長於楊侑，按照皇位繼承「嫡長制」的原則他應該排在楊侑之前，而且性格寬厚還是個美男子。

所以說李淵選擇楊侑，不是因為他是最合適的人選，而是因為他所占據的地方——沒錯，就是長安。李淵選擇的是長安，是關中，一個可以讓他開創宏圖霸業的最合適的地方。

關中為什麼適合李淵，有三點：

一是天時，秦漢以降包括隋朝，大一統的王朝都定都在長安，天下人也都認為皇氣集於關中。

二是地利，太原太靠近突厥，面臨的外部威脅比較大，作為唐公的起兵之基很合適，但作為建國之地則不適宜。以洛陽為中心的中原地區則是各大割據勢力角逐的焦點，以李淵當時的資本和實力沒法在洛陽立足，基於這一點李淵也不會選擇楊侗。而長安所在的關中平原，四周有山川之固、雄關之險，且土地肥沃、物產豐饒，進可爭奪天下，退可割據自立，靜觀時局。

三是人和，李淵出身關隴軍事貴族，李氏家族在關中地區有很高的威望，容易凝聚民心，取得當地勢力的支持。李淵在太原起兵的時候，他的堂弟李神通與關中英豪史萬寶等就在長安周邊起兵響應，後他們與李淵的三女兒平陽公主合兵一處攻克鄠（今陝西西安鄠邑區）。

## 二　李密的一封「家書」

李淵已經明確了「搶占長安，奪取關中」的前期策略目標，接下來就是執行了。七月，李淵兵發太原。

檢視地圖可知，李淵大軍要從太原出發進入關中平原，必須沿著汾水河谷南下，直取霍邑（今山西霍州），再下臨汾破河東郡（今山西運城），然後直撲黃河，西渡黃河後便進入陝西，進入李淵夢寐以求的關中大地。

此時，得知李淵起兵太原並打算進軍長安的消息後，代王楊侑派遣虎牙郎將宋老生率領精兵兩萬人駐防霍邑，左武候大將軍屈突通駐防河東，兩軍互為犄角阻止李淵南下。

李淵率軍經過雀鼠谷，在距霍邑五十里的賈胡堡（今山西靈石縣西南）駐軍，與宋老生對峙。

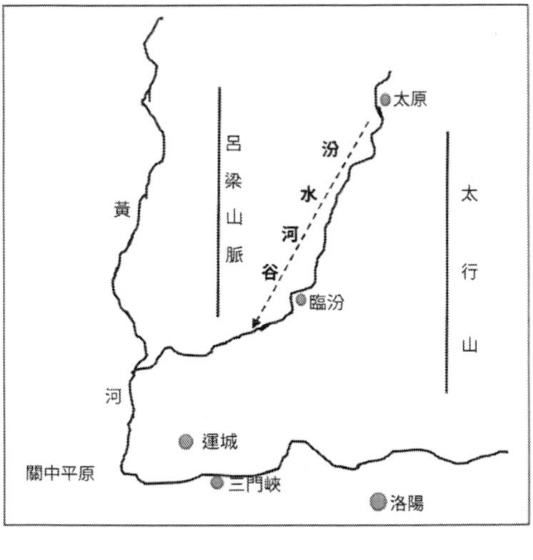


李淵大軍行進示意圖

就在這個時候，正在圍攻洛陽與越王楊侗鏖戰的李密，派人捎了一封信給李淵，信上是這麼寫的：「與兄派流雖異，根系本同。自唯虛薄，為四海英雄共推盟主。所望左提右挈，戮力同心，執子嬰於咸陽，殪商辛於牧野，豈不盛哉！」

什麼意思呢？李淵兄長，雖然你和我沒有血緣關係，但一筆寫不出兩個「李」字，說不定五百年前是一家呢！李密這句話說得一點不假，他們雖然不是同宗，但李密的曾祖李弼和李淵的祖父李虎，都是西魏八柱國之一，都屬於關隴集團的核心成員，關係肯定很密切。

此時的李密已經貴為瓦崗軍領袖，天下反隋義軍的盟主，率領大軍圍攻東都洛陽，兵勢強盛，威震海內。而李淵剛剛舉兵，軍力明顯弱於李密，所以這封信中李密的口氣還是非常大的。從兩人的家世關係來看，李淵應該和李密的父親同輩分，照理李密應該尊稱李淵為叔，稱兄輩分就有點差距了。

李密也是不客氣，倚恃兵強勢盛，不但稱李淵為兄還自稱盟主，並提出想和李淵一起共同克定長安，信中甚至讓李淵親自到河陽（今河南焦作），共同商議結盟進兵關中的事情。

很明顯，李密寫這封信的意圖就是想拖住李淵，不讓他搶先占據關中。李淵也一眼看穿了李密的心思，他不僅不會上這個當，而且正好可以藉這封信和李密虛與委蛇一番，矇騙他好好拖住隋朝東都之兵，而自己就可以一門心思奪取關中了。

於是李淵讓溫大雅回了一封言辭謙卑的信給李密，大致有三個意思：一是尊李密為李氏宗盟之長；二是推李密為天下盟主，到時候取得天下後，將我封為唐公就心滿意足了；三是稱自己忠於隋室，什麼伐商辛、執子嬰的話就不要再說了，也不會去河陽會盟。

李淵這封言辭謙卑的信效果如何呢？應該說效果不是一般的好。收到李淵的回信後，李密高興極了，對他的屬下們說：「唐公推舉我為盟主，那天下就很容易平定了。」之後他就和楊侗在洛陽交戰得更厲害了，再也沒有干涉李淵進取長安。

這封「家書」，可以說是李淵進軍關中的神來之筆，因為它不但穩住了李密，也牽制住了東都洛陽赴援關中的兵力，為李淵接下來的行軍作戰創造了極為有利的外部條件。

## 三　舉義之首戰——霍邑之戰

穩住了李密之後，李淵將面對他舉義以來的第一戰——霍邑之戰，從軍事意義上來說，首戰成功的重要性是不言而喻的。正所謂「一鼓作氣，再而衰，三而竭」，首戰如果出師不利，會嚴重影響軍心士氣，甚至為整個戰局帶來不可逆轉的勢態。

李淵起兵後首戰面臨的是什麼樣的局勢呢？兩個字，被動；四個字，十分被動。

霍邑，今山西省霍州市，位於雀鼠谷的南端，是從太原南下的必經之地，策略地位十分重要，歷來都是兵家必爭之所。它就像是擋在李淵南下路上的第一道大門，此門要是無法叩開，李淵接下來的所有策略設想都將變為空想。

此時駐守在霍邑的是隋虎牙郎將宋老生——一名身經百戰的大將，率領兩萬精兵，依託堅城擋在了李淵前進的道路上。就兵力情況來看，李淵雖然占據優勢，但其兵大部分都是最近招募的，而宋老生的兩萬人馬雖然數量較少，但都是隋朝的正規作戰部隊。

再來看看天氣情況，此時正值七月，一連多日暴雨如注。部隊既無法展開行軍作戰，也無法外出募糧，隨著糧食一天天地耗盡，部隊的士氣也在一點點磨滅。

就在這個時候，太原方面又傳來消息，說是劉武周準備聯合突厥攻打太原。如果此事屬實，李淵將面臨腹背受敵、進退維谷的危險境地。

面對這樣一種極端不利的情況，李淵最親信的大臣裴寂就建議退兵太原，還救根本，再圖後舉。

裴寂說的對嗎？其實他說得很客觀。連日暴雨，部隊無法開展任何行動，天時不利；雄關阻路，精卒猛將駐守，地利不具；軍中缺糧，後方不穩，士氣不振，手下諸將沒有任何求戰欲望，人和不占。

「天時、地利、人和」一樣都不具備，這個仗還怎麼打？所以絕大多數將領都贊成裴寂的意見。

在一片回救太原的聲浪中，終於有了反對聲音——李世民提出不同意見，並力陳事由：「今禾菽被野，何憂乏糧！老生輕躁，一戰可擒……武周與突厥外雖相附，內實相猜。武周雖遠利太原，豈可近忘馬邑！本興大義，奮不顧身以救蒼生，當先入咸陽，號令天下。」

不得不佩服李世民，他的遠見卓識確實不是一般人可以比擬的。從他的這段話可以看出來，不管是糧草不繼、猛將阻路，還是劉武周相附、突厥相侵，這些於他而言都是細枝末節，都不能動搖他心中最根本的策略目標，就是「當先入咸陽，號令天下」。而且在李世民看來，只要堅持自己的策略目標，並堅定地予以實施，那麼這些細枝末節根本就不會成為阻礙。

李淵是怎麼表態的呢？畢竟他的意見才是最終的決定。身為最高統率和最終拍板人的李淵，猜想還是糾結於各種細枝末節，他仍然決定回救太原，並下達了退兵的命令。如果李淵果真就此退兵的話，那中國歷史就要被徹底改寫了。

生死攸關的時候，還是李世民再一次站了出來。

是夜，他準備進入李淵營帳勸說李淵打消回軍的念頭，守營的衛兵因為李淵已入睡就沒讓李世民進帳。沒有辦法，李世民就在營帳外面大哭，把李淵給吵醒了。李淵無奈之下只有把李世民召進營帳，要不這三更半夜的兒子在父親門外號哭，不知道的還以為父親死了呢！

李世民進帳後再次進言：前進意味著成功，退兵則軍心渙散。軍心渙散在前，宋老生再出精兵尾隨追擊在後，別說退保太原了，能不能生存都是個未知數。

聽完李世民的陳述，在經過一番認真思索後，李淵終於首肯了李世民。但是這個時候退兵的命令已經下達，左軍也已經出發了。李世民就趕緊問李淵，是不是讓他去把出發的左軍給追回來。李淵笑著對李世民說：「我的身家性命都靠你了，知道了還說什麼，去做就行了。」這時的李淵終於徹底打消了退軍的念頭。

八月，連綿的陰雨天終於放晴，返回太原徵糧的部隊也回來了，同時帶回來太原方面的消息，劉武周並沒有來侵犯。籠罩在頭頂的所有陰霾都已消散，唐興路上的第一戰霍邑之戰也正式打響。

李淵和李建成在霍邑城東列陣，讓士兵高聲辱罵，挑釁宋老生，同時安排李世民埋伏在城南，相機而動。

受不了侮辱的宋老生親率大軍出城與李淵、李建成交戰，李淵假裝不敵佯裝退卻。不知是計的宋老生仗著兵強馬壯，帶領全軍一路追了出去。埋伏在城南的李世民一看時機成熟，率領精騎從南原疾馳而下，猛攻宋老生的側翼，李淵和李建成也回馬突擊，與李世民前後夾攻大敗宋老生。

宋老生單騎跑回霍邑城下，但守城的士兵害怕李淵軍隊乘勢攻入城內，就把城門給關閉了。宋老生無奈之下只有下馬跳入壕溝，想讓城牆上的守衛放條繩子將他吊上去，但被隨後趕到的劉弘基一刀結束了性命。唐軍乘勢登城，順利奪取了霍邑。

霍邑首戰的勝利，叩開了南下的大門，也鼓舞了李淵的軍心士氣。這裡不妨做個假設，如果當時李淵選擇了返回太原，那麼出師不利、狼狽退兵、士氣低落的李淵會面臨什麼樣的局面呢？也許真的就像李世民所說的：「還守太原一城之地為賊耳，何以自全！」從唐公變成名副其實的反賊，最終難逃身死名裂的結局。

李淵的從善如流、李世民的遠見卓識和堅定決心讓他們順利邁過了起兵以來的第一道關卡。

## 四　棄河東，奔關中

李淵繼續南進，攻取臨汾襲破絳郡（今山西新絳縣），一切都很順利。

九月，李淵率軍來到河東郡，情況就不一樣了。此時駐守在河東的是隋朝鼎鼎大名的左武候大將軍屈突通，一名正三品（武將最高官銜）的大將。由於治軍嚴整、英勇善戰，時人流傳一句話：「寧服三斗蔥，不逢屈突通。」這足以看出屈突通是個厲害的狠角色。

屈突通吸取了宋老生輕敵冒進、兵敗身死的教訓，選擇了高掛免戰牌。因為他知道雖然此時的李淵斬了宋老生，克臨汾、下絳郡，兵鋒正銳，但有兩個策略先決條件，李淵必須牢牢掌控。

一是時間必須快。李淵必須趕在關中的隋軍做好充分準備前，其他各路諸侯還沒反應過來的時候，快速拿下長安城；二是後方必須穩。從太原到長安，漫長的戰線，李淵不但要攻城克地，更重要的是要守住。否則，一旦前進不利，後方又起火，從戰場態勢來講那就十分被動了。

而要牢牢掌控這兩個策略先決條件，李淵必須乘著當下高漲的士氣，快速解決掉與屈突通的戰鬥，肅清河東郡隋軍，穩固戰線，同時為搶渡黃河挺進關中爭取寶貴的時間。所以，屈突通選擇堅守不出。

堅守不出的屈突通讓李淵一籌莫展：是全力以赴，穩穩拿下河東，穩固戰線後再西渡黃河呢？還是放棄河東，搶渡黃河，爭取寶貴時間直取長安呢？在這樣一個生死抉擇的時刻，李淵手下的將領們又分成了兩派，一派是以裴寂為首的戰河東派，一派是以李世民為首的棄河東派。一起來看看兩派的理由各自是什麼，以及李淵最終的選擇。

戰河東派認為，屈突通兵多將廣、驍勇善戰，此時若放棄河東，一旦進攻長安不利，屈突通又從背後追擊，則我軍會面臨腹背受敵的極端不利局面，所以上策就是攻取河東再揮師西向。

對此，李世民是極力反對，他先從策略上藐視對手，認為屈突通、河東郡這些都是細枝末節，不足為慮；他堅信兵貴神速，趁著此時兵鋒正盛，在敵人還不及謀劃、未做決斷的情況下直取長安，一戰定鼎。如果將時間耽誤在河東堅城之下，一旦隋室做好準備，四面赴援的話，則大事去矣。

李淵經過深思熟慮，綜合各方意見，又一次做出了正確的選擇。他留下一部分兵力繼續圍攻河東，牽制屈突通，自己則帶著主力部隊，繞過河東，西渡黃河，衝著關中，衝著他的目標根據地直奔而去。

其實，從戰爭的眼光來看，這兩派的意見沒有對錯之分。只是李世民決心更堅定，也更具遠見，更具進取精神；而裴寂只是更為保守，事實上，他提到的不利局面在戰場上是完全有可能發生的。

# 第四章　定鼎長安

長相思，在長安。
絡緯秋啼金井闌，微霜悽悽簟色寒。
孤燈不明思欲絕，卷帷望月空長嘆。
美人如花隔雲端。
上有青冥之長天，下有淥水之波瀾。
天長路遠魂飛苦，夢魂不到關山難。
長相思，摧心肝。

——李白〈長相思〉

在確定了「放棄河東，搶渡黃河」的作戰方針後，李淵任命任瑰為招慰大使與劉弘基一起率領先鋒部隊從梁山（位於今山西龍門）搶渡黃河。

雖然屈突通率軍前來阻擋，但只是在五十里外紮營，不敢前來挑戰。任瑰、劉弘基順利渡過黃河，並一路下韓城，破飲馬泉，駐屯永豐倉（今陝西華陰市），在黃河以西撕開了一個缺口。隨後，李淵率領大軍渡過黃河，直接踏足關中平原，而魂牽夢繞，朝思暮想的長安就在咫尺之遙。

進入關中後，李淵立刻派遣李建成、劉文靜增援永豐倉，看守潼關，並擊退了屈突通的追擊之兵，使他無法赴援長安。

## 一　長安定鼎之戰

解決了潼關方面赴援長安之敵後，李淵剩下的唯一目標就是拿下長安城。李淵命令李世民、劉弘基率兵沿著渭水北岸，急撲長安城。大軍所到之處降者如雲、從者如流，房玄齡、丘師利、丘行恭等人紛紛來到李世民軍前投效。李世民率軍一路勢如破竹，很快占領了渭水北岸的涇陽，平陽公主也領軍與李世民在渭北會合，兵臨長安城下。

面對閃電般而至的李世民，未做準備的長安城內一片混亂。輔佐代王楊侑留守長安的老將衛文升看到大勢已去，就自稱有病，不再參與政事。主將如此，其他的文臣武將就更是無心戀戰，只剩下左翊衛將軍陰世師、京兆郡丞骨儀尊奉代王楊侑據城固守，頑抗到底。

十月，李淵率大軍抵達長安，駐屯在春明門的西北；李世民向南渡過渭水，駐屯長安故城；李建成則抽調永豐倉精兵，從新豐直抵長樂宮駐屯。李氏父子擁兵二十萬，完成了對長安城最後的合圍。

看著眼前心心念念的長安，李淵想最大限度地減低戰爭帶來的損害，他多次派出使者到城下宣稱自己尊奉隋室奉立楊侑，但陰世師等人未加理會，拒絕開城。

十一月，李淵命令各軍攻城。孤立無援、無心戀戰的隋軍守將無力抵敵，很快長安城破。李淵順利進入長安城，抓捕並處死了負隅頑抗的陰世師、骨儀等人。

李淵迎立代王楊侑繼位，史稱隋恭帝，同時遙尊楊廣為太上皇。楊侑將所有軍政事務交由李淵處理，說白了，此時的楊侑就是個象徵和擺設，所有權力都掌握在李淵手中。

從大業十三年（西元六一七年）七月晉陽起兵到十一月攻占長安城，短短四個月李淵就實現了「定鼎長安」的策略目標。在這個過程中，能夠看到清晰的策略決策及實施脈絡。

首先是策略目標清晰，從起兵之初就確立了「定鼎長安」的策略目標；然後是策略思路清晰，立足太原，積蓄力量，外聯突厥，樹立「忠於隋室、保國安民」的大旗，都是為實現策略目標而做的全方位策略準備；最後是策略抉擇準確，下霍邑、棄河東、搶渡黃河、「家書」奉承李密，每一次都能做出準確的策略選擇。

## 二　穩定長安——潼關之戰

丈人視要處，窄狹容單車。
艱難奮長戟，萬古用一夫。

這是唐代大詩人杜甫在〈潼關吏〉中描寫潼關的詩句，詩中形容潼關狹窄處僅容一輛單車通過，縱使是千軍萬馬，來到潼關城下，那也像過獨木橋一樣艱難。

潼關位於今陝西省渭南市潼關縣，地處陝西省關中平原東端，為陝西、山西、河南三省要衝。東接河南省靈寶市，南依秦嶺，北瀕黃河、渭河。自古以來，潼關都是關中平原的東大門，是中原地區進出關中的咽喉要道，策略地位十分重要。

而且由於山川的走勢，潼關的地理環境十分險要。南有秦嶺倚關，北有渭水、洛水匯合黃河，抱關而下，西邊又背靠「險絕天下」的華山，使得潼關的周圍山連山、水繞水，四處都是高山絕壁、深溝大河，僅僅中間有一條狹窄的羊腸小道穿關而過。過去人們常以「細路險與猿猴爭」、「人間路止潼關險」來形容潼關的地勢極險。

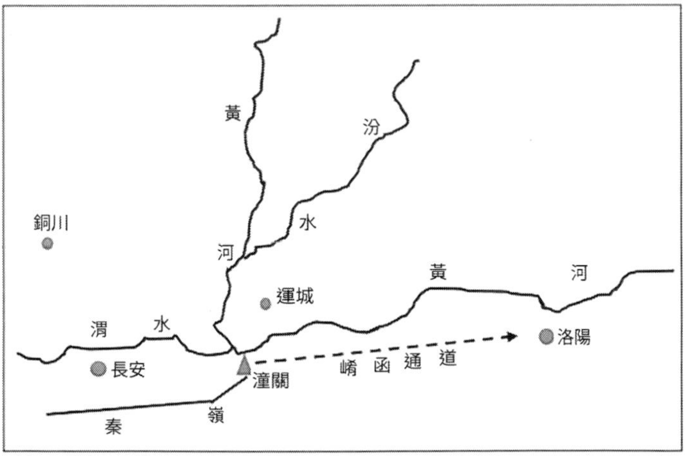

潼關策略位置示意圖

李淵占領長安後，潼關仍然掌握在隋朝大將屈突通的手裡，也就是說，東都洛陽的隋軍可以隨時經由崤函通道，入潼關赴援長安，這對李淵來講是個巨大的風險，不拿下潼關根本談不上關中的穩固。

鑑於潼關的險峻、易守難攻，如果強行攻打，必將付出極大的代價，李淵最希望的是能夠不戰而克；但是屈突通憑險固守，頑抗到底。

屈突通不肯投降，可是他底下的將領不一定跟他一條心。李淵占領長安，尊奉楊侑後，屈突通面臨的情形日益窘迫，他的陣營開始瓦解，有人不失時機地勸說屈突通投降。屈突通大哭不從，堅決不做「食君之祿，背信棄主」的事。他時常摸著自己的脖子對手底下的將士說：「要當為國家受一刀！」

但是形勢逼人，李淵占領長安俘獲了屈突通的家屬，便派遣屈突通的家僮前去潼關勸降屈突通，哪知道屈突通二話不說立刻斬殺了這名家僮。不過透過這起事件，屈突通看到自己已經沒有留在潼關的必要了，於是他留下桑顯和負責鎮守潼關，自己率軍東奔洛陽，打算投靠越王楊侗。但屈突通沒有料到，他前腳剛走，桑顯和後腳就獻出潼關投降了李淵。

對於同屬關隴集團成員、忠誠勇毅的隋朝名將屈突通，李淵仍然致力於招降。他派遣竇琮、桑顯和以及屈突通的兒子屈突壽一起出潼關，前去勸降屈突通。屈突通一看自己的兒子前來勸說自己投降，就大罵屈突壽，斷絕父子關係，並命令士兵放箭射屈突壽。

屈突通仍然想率軍拚殺，但他手底下的將士已經沒有了鬥志，這些關中士兵不想跟隨屈突通前往洛陽，於是紛紛放下手中的武器投降。屈突通一看大勢已去，就下馬面朝東南的江都方向拜了三拜，痛哭道：「臣力屈至此，非敢負國，天地神祇實知之！」之後無奈束手就縛。

屈突通被押赴長安後，李淵不但沒有殺他，反而任命他為兵部尚書，賜蔣國公，兼任李世民元帥府長史。李淵肯定是不捨得殺掉屈突通的，而身為關隴集團一員，曾與李淵同朝為官的屈突通，棄楊投李也不會是太難以接受的事，因為不管投靠誰，服務的都是自身所在的利益集團。

至此，李淵完成了「定鼎長安」這第一階段策略目標，下一階段策略目標就是「穩固關中，以圖天下」了。

# 第二篇

## 穩固關中

面對年僅十三歲的新皇帝楊侑，大權獨攬的李淵此時要行廢黜之事自立稱帝，可以說是水到渠成、易如反掌，但他沒有這樣做。是他不想嗎？前面我們說過，李淵的個人野心可不僅僅是位極人臣，做另一個伊尹、霍光。

此時的李淵除了占據有長安城和部分關中地區，以及李元吉留守的太原外，再無別地，而且此時的關中情勢也是很不穩定的。

我們一起來看看長安周邊以及關中的情況。長安的西邊有隋室的河池太守（今陝西寶雞市）蕭瑀和扶風太守竇璡，再往西則是「西秦霸王」薛舉占據的隴右和「河西大涼王」李軌占據的河西走廊；東邊出潼關後是越王楊侗控制的東都洛陽以及廣大的中原地區。

此時的李淵要是在長安廢黜代王楊侑自立，則將會面臨忠於隋室的武裝力量以及其他割據群雄的聯合打擊，能不能順利保全自己、保全長安都是個問題，更別說穩固關中了，所以李淵只能等待，等待一個最佳時機。

除了耐心等待之外，李淵現在最該做的是打著隋室的名義傳檄四方，快速鞏固長安周邊地區，擴充實力，而他也是這麼執行的。十二月，河池太守蕭瑀、扶風太守竇璡等紛紛請降，長安周邊的形勢慢慢穩定下來，奉命撫慰四川的李孝恭則基本上控制了整個巴蜀。我們都知道，四川號稱天府之國，物產豐饒、山川險峻，據有四川則為關中提供了一個廣闊穩定的策略大後方。

隨後，李淵等待的機會出現了。武德元年（西元六一八年）三月，楊廣在江都被宇文化及所弒，隋朝滅亡；五月，楊侑禪位，李淵在長安即皇帝位，改元武德，史稱唐高祖，並封李建成為皇太子、李世民為秦王、李元吉為齊王。

## 第五章　關中後背的警報

李淵定鼎長安建立大唐後，最直接的威脅來自關中地區的後背，——隴右（也稱隴西），來自薛舉和薛仁杲父子。

此時薛氏父子已經占據隴右，隔著隴山直接窺視關中大地，離長安也是咫尺之遙。現在想來，如果李淵不是在起兵之時做出正確的策略選擇迅速占領長安，那後來誰成為長安的主人也未可知呢！

薛舉，大業末年任金城府（今甘肅蘭州）校尉，掌管一地兵馬。因為薛舉本人是個武人，長得孔武有力，性格豪爽，加上家裡又不缺錢，所以身邊積聚了一幫地方豪強。

大業十三年（西元六一七年），天下大亂，盜賊蜂起，隴右地區也是民變頻仍。四月，金城縣令郝瑗招兵買馬，將數千人的隊伍交給薛舉統領，準備讓他出城剿匪。在出征儀式上，薛舉和他的兒子薛仁杲劫持郝瑗（郝瑗後來投降了薛舉，並成為薛舉身邊最重要的謀士）起兵反隋，並自稱西秦霸王。

不知道薛舉取這個稱號時是怎麼考慮的，猜想是想在秦興之地效仿秦始皇橫掃六合，不過這個稱號怎麼看怎麼讓人想起剛愎自用、烏江自刎的西楚霸王項羽。

薛舉、薛仁杲起兵後，兵鋒強盛，所向披靡，收降了宗羅睺等民變首領，很快便攻占了枹罕（今甘肅臨夏縣），岷山（今甘肅臨洮縣），秦州（今甘肅天水），鄯州（今青海西寧市），廓州（今青海海南藏族自治州），據有了整個隴右地區。七月，薛舉在金城自立為帝後將都城從金城遷至秦州。

從地圖上來看，秦州的東邊就是陝西寶雞，薛舉可以說一隻腳已經踏進了關中。而此時的李淵才剛剛晉陽起兵，並被隋將宋老生阻擋在霍邑。真不知道如果此時薛舉全力進攻長安的話，歷史將會發生什麼。

好在薛舉在進攻寶雞被河池郡守蕭瑀阻截後，將注意力轉向了西邊，轉向了盤踞在涼州的「河西大涼王」李軌身上。薛舉派兵西渡黃河攻擊李軌，結果卻招致全軍覆沒。

天水、寶雞及長安三區位置示意圖

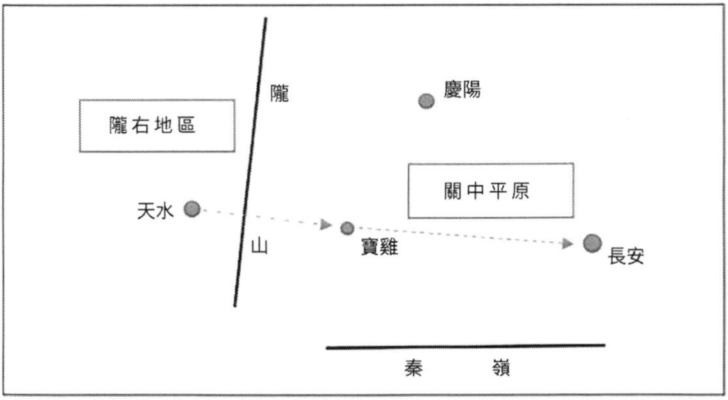

## 一　覬覦長安的薛氏父子

薛舉雖然被李軌拖住了後腿，貽誤了地利之便，沒能搶在李淵之前跨入關中大地，但他時刻不忘關中、不忘長安。

大業十三年（西元六一七年）十二月，也就是在李淵攻占長安僅僅一個月之後，薛舉派遣薛仁杲率兵三十萬，圍攻扶風（今陝西省鳳翔縣），劍指長安城。李淵派出李世民率軍抵禦，雙方在扶風展開了一場大戰，李世民大破薛仁杲並乘勝追擊，一直追到隴山腳下才返回。

扶風之戰的潰敗雖然延阻了薛舉進攻長安的腳步，但並沒有打消他覬覦長安的野心。

武德元年（西元六一八年）四月，距離隋煬帝楊廣被弒身死已過去一個月，天下情形更加混亂不堪。五原（今內蒙古五原縣）通守張長遜舉城投降了突厥，這勾起了突厥人南侵的欲望。郝瑗這個時候就勸說薛舉，讓他和突厥聯合，共同謀取長安。薛舉接受了這個建議，派人出使突厥，商議共同進攻長安。

李淵收到消息後立即對突厥展開外交攻勢。當時突厥始畢可汗的弟弟阿史那咄苾在五原以北設立大營，意欲南侵。李淵遣使攜帶大批財寶賄賂阿史那咄苾並向他陳述利害，勸他不要興兵南下，同時進一步遊說阿史那咄苾讓他把張長遜送回長安，並將五原地區歸還隋朝（此時李淵還未稱帝，名義上仍是隋恭帝楊侑的大臣）。

貪圖賄賂的阿史那咄苾全盤接受並放還了張長遜，張長遜返回長安後，李淵仍舊任命他為五原郡守。

回到五原後，張長遜偽造了一份楊侑的詔書送給阿史那咄苾，書中寫明隋朝已經完全掌握了薛舉和突厥聯軍南侵的陰謀，勸阿史那咄苾不要輕舉妄動。看到長安已有準備，阿史那咄苾遂打消了南侵的念頭，並拒絕薛舉的使者入境突厥。失去強力外援的薛舉也就放棄了此次進攻長安的計畫。

## 二　淺水原之戰——天佑大唐

武德元年（西元六一八年）五月，李淵接受楊侑禪讓，唐朝建立。僅僅兩個月後，薛舉兵分兩路大舉進攻長安，一路由他親自率領主力大軍進逼高墌（今陝西咸陽市長武縣），另外派出策應部隊進犯扶風、岐山等地，有些小股部隊已經進犯至咸陽市彬縣（即豳縣），差不多可以看見長安城的城門樓了。看來薛舉這次是傾巢而出，想以最快的速度、最短的時間奇襲長安，也來個一戰定鼎。

仍然是李世民，率領軍隊前往高墌進行抵抗。鑑於薛軍勢銳，李世民採取守勢，深挖壕溝，高築營壘，避而不戰，與薛軍展開了對峙。

沒想到，在對峙的緊要關頭李世民突然染上瘧疾，無法指揮作戰，於是，李世民將軍隊指揮權交給劉文靜和殷開山，並再三地囑咐他們：「對於薛舉來講，最有利的就是一鼓作氣，快速解決高墌的戰鬥，然後直逼長安。如果時間拖長了，對於傾巢而出、孤軍深入的薛舉來講，糧草將難以為繼，到時士卒疲憊、銳氣漸消，我軍可一戰殲之。所以這段時間你們切不可出戰，等我的病痊癒後，我們再共同破敵。」

但是，劉文靜和殷開山沒能遵守李世民的命令，他們認為李世民顧慮太多，形勢是敵弱我強，這個時候應該全力出擊，給予薛舉迎頭痛擊。

劉文靜和殷開山開城迎戰，在高墌城西南排兵布陣。由於唐軍兵力超過了薛舉部隊，劉文靜和殷開山大意竟然不加戒備。薛舉偵知情況後，偷偷調動軍隊朝唐軍的側後方發動突然襲擊，雙方在淺水原展開大戰。結果唐軍八路總管同時潰敗，大將軍慕容羅睺、李安遠、劉弘基等都做了俘虜，士卒也傷亡過半，薛舉順利進占高墌。

淺水原之戰是唐朝建立後的第一次大戰，結果以慘敗告終。此役可以說為新興的唐王朝敲響了警鐘。雖然此時的薛舉傾巢而出，深入唐境，看似孤軍深入，但如果他乘著淺水原大勝的威勢，南北兩路分進，合擊長安，真不知道這主將染疾、士氣低迷、信心受挫的唐軍能否抵擋住薛舉的兵鋒。

情況也確實十分危急。郝瑗在淺水原大獲全勝後，立刻建議薛舉放棄休整，趁著唐軍新敗、關中人心騷亂之機直取長安。薛舉採納了郝瑗的意見，準備直下長安。

就在這萬分緊急的時刻，運氣卻站在了唐王朝這邊。八月，薛舉病死，進攻長安的計畫也隨之中止。

薛舉這個時候病死，真是老天幫了李淵一個大忙，為他贏得了寶貴的時間重新收攏兵力部署防線。有時候想想如果薛舉不在這個時間點死的話，歷史會不會重寫？但是，歷史沒有假設，新興的唐王朝躲過了這一劫。

## 三　二次淺水原之戰——解除關中的威脅

薛舉死後薛仁杲繼位，隨之而來的是薛軍內部的巨大變動，主要有兩點：

一是將帥離心。薛仁杲這個人雖然孔武有力，弓馬精熟，號稱「萬人敵」，但他生性殘暴，喜歡殺人和虐待俘虜，也不體恤部下，將士們平時都遠遠躲著他。薛仁杲繼位後，無法處理好與眾臣屬的關係，導致大家離心離德，相互猜忌。

二是郝瑗身死。薛舉死後，郝瑗悲痛萬分，由於悲傷過度，竟然也一病而亡，而隨著郝瑗這個重要謀士的身死，直取長安的計畫就缺少了主要的策劃者、支持者和堅定的落實者、執行者。

內部重要謀士身死，將帥離心；外部又因為深入唐境，受到重新調整部署後唐軍的四面圍剿，特別是緊鄰高墌的涇州（今甘肅涇川縣）和隴州（今陝西隴縣）等地的唐軍將士，對駐紮在高墌的薛仁杲產生巨大的威脅，因此也牽扯住薛仁杲的兵力，使得他無法揮軍南下進取長安。

為了徹底消滅薛仁杲，解除他對長安的直接威脅，雙方很快暴發了第二次淺水原之戰。

唐王朝這次領軍的仍然是李世民，採取的仍是避敵鋒芒、堅壁清野、以待戰機的方法。雙方再次在高墌展開對峙。

薛仁杲也意識到李世民的作戰意圖，為了避免陷入長時間孤軍奮戰的險境，薛仁杲派出大將宗羅睺，不斷來到唐軍營門前挑戰以圖速勝。唐軍將領紛紛請求應戰，但李世民就是不答應，只是緊閉營門不出，並傳出號令，再有膽敢請求出戰者斬。

就這樣，雙方對峙旬月有餘，薛仁杲糧食耗盡，手下將領紛紛率部投降唐軍。李世民看到薛軍將帥離心、士氣低落，開始準備大舉進攻。

李世民派行軍總管梁實駐軍淺水原引誘敵軍，憋屈了數月的宗羅睺出動所有精銳猛烈攻擊梁實。梁實不為所動，只是占據險要之地堅守，絕不主動出擊。數日之後，宗羅睺疲憊不堪，李世民等待的決戰時機到來了。

李世民命令大將龐玉在淺水原列陣，宗羅睺集中全軍進行攻擊，龐玉幾乎不能支撐。這個時候李世民率領大軍突然在淺水原北出現，並親率驍勇騎兵首先突入敵陣當中，宗羅睺軍很快崩潰，倉皇回撤。

李世民率領僅僅二千名輕騎展開追擊，竇軌拉住李世民戰馬的轡繩苦苦勸諫，讓李世民放棄追擊，切莫身犯險境。李世民堅決地予以拒絕：「我考慮很久了，現在的情形勢如破竹，只要繼續追擊，一切皆可迎刃而解；如果放棄追擊，則會錯失這大好的時機。」

李世民率軍直追到高墌城下，薛仁杲出城列陣準備迎擊，但他手下的將領卻陣前倒戈投降了李世民，大驚之下的薛仁杲只能率軍返城堅守。隨後唐軍大隊人馬趕到，將高墌城團團圍困，守城將士紛紛棄守出城投降，無計可施的薛仁杲也只得開城投降。隨後，薛仁杲被李世民送至長安斬於鬧市之中。

薛仁杲出城投降後，眾將領紛紛向李世民道賀，包括之前諫止李世民追擊的竇軌。他問李世民道：「淺水原一役，宗羅睺潰逃，您僅僅率領輕騎兵就展開追擊並直抵高墌城下，大家都認為不可能攻克，沒想到您卻做到了，這是什麼緣故呢？」

李世民答道：「宗羅睺的部隊都是隴右人，異常剽悍，如果我們不追擊，留給他們喘息時間，宗羅睺的兵馬就會撤退到高墌城內，在薛仁杲的安撫重用下，我們就很難再制服他們了。如果我們窮追猛打，他們就沒時間撤退到高墌城，只能潰散逃奔隴右，而薛仁杲聽聞後肯定手足無措，所以我們就很容易攻克高墌。」眾將領聽聞後紛紛讚嘆不已。

武德元年（西元六一八年）十一月，隨著薛仁杲的戰敗身死，盤踞在隴右地區的薛舉父子退出了歷史舞臺，整個隴右盡歸李淵所有。

## 第六章　賺到的河西走廊

李淵占據了隴右，而緊鄰隴右的黃河西岸，也就是著名的河西走廊，此時正被河西大涼王李軌占據。

此刻的李淵其實並沒打算征討李軌，奪取河西走廊。原因一是李軌目前還不是他最主要的威脅，此時最主要的威脅來自山西馬邑的劉武周，他勾結突厥奪取太原，並南下黃河，準備進犯關中；二是李淵和李軌曾經聯合攻打薛舉父子，算是盟友關係。

李淵不想大動干戈勞師遠征，但沒想到，由於李軌集團內部出現分裂，使得李淵獲益，輕鬆賺取了河西。

## 一　這個李氏也稱天子

李軌是涼州姑臧人，也就是今天甘肅武威市人。古時候的涼州那可是大名鼎鼎，前涼、後涼、南涼、北涼，只要與涼有關的國家基本都建都於此，包括李淵七世祖李皓建立的西涼國；隋唐時期，涼州更是全國三大經濟中心之一（另外兩個是東都洛陽和江都揚州）。

李軌的家族是涼州豪門望族，或許也來源於隴西李氏。李淵稱帝後在招慰李軌的時候就稱他為「從弟」，也就是堂弟，幾乎將他當宗親看待，雖然這很可能只是在招降的時候，用來表示結納親近之意。

隋朝大業年間，李軌擔任武威郡鷹揚府司馬，雖然說他是個武人，但平時還蠻喜歡讀書，為人也是機智多謀、能言善辯，與一般五大三粗、動不動就喊打喊殺的軍人不太一樣，而且他仗義疏財，時常賑濟鄉鄰，在當地人氣和威望都很高。

大業十三年（西元六一七年）四月，由於薛舉在蘭州起事後經常派兵到河西燒殺搶掠，李軌就和同郡人關謹、梁碩、安修仁等商議應對之策。

李軌慷慨激昂地說道：「舉暴悍，今其兵必來。吏孱怯，無足與計者，欲相戮力，據河右，以觀天下變，庸能束手以妻子餌人哉？」大家都認為李軌說得對，既然當地官員無能，為了老婆孩子，為了身家性命我們就起兵自保，拚了！但臨到頭又沒有一個人敢起來帶頭，大家互相推讓，結果就以讖語「李氏當王」這句話，推舉李軌為盟主，共同起兵抵抗薛舉。

八月，李軌命令安修仁負責集結所有胡人酋長，他自己則負責集結所有漢人民間豪傑，他帶領眾人衝入府衙，逮捕了隋武威郡丞韋士政和虎賁郎將謝統師，自稱「河西大涼王」，正式起兵。

沒過多久，李軌擊潰薛舉的進攻，很快便占領了張掖、酒泉、敦煌等河西州郡，將整個河西走廊據為己有，成為割據一方的霸主。武德元年（西元六一八年）十一月，差不多在薛仁杲兵敗的時候，李軌在涼州自立稱帝。

應該說，李軌在起兵初期還是蠻有作為、蠻寬容的，能夠營造內部的團結，協調好各方勢力，因而他成為西北地區實力強勁的一方諸侯。

他的主要幹將，關謹、梁碩是他同郡的好友，安修仁是世居涼州的胡人，他沒有採納關謹等人的建議「盡殺隋官，分其產」，而是對謝統師、韋士政等人委以重任，這種寬容的做法引得西突厥曷娑那可汗的弟弟阿史那達度都前來歸附。

但也正是集團內部人員構成混雜、派系眾多，為後期李軌的失敗埋下了伏筆。

## 二　安興貴智賺河西

武德二年（西元六一九年）二月，李淵遣使赴涼國招降李軌，準備任命李軌為涼州總管，並冊封其為大涼王。李軌一開始是想應詔稱臣接受冊封的，但由於部屬的強烈反對，自己也捨不得皇帝這個稱號而作罷。

李軌放棄了稱臣侍唐的打算，派使者赴長安覲見李淵呈遞國書，書中李軌自稱「皇堂弟北大涼皇帝李軌」，意思就是我和你一樣都是皇帝。接到國書後李淵大怒，開始商議征討李軌。但是沒過多久，劉武周勾結突厥南下侵犯太原，王世充也在東都洛陽廢黜楊侗自行稱帝，並不斷地向西進攻，做挺進關中的打算。李淵忙於應付河東和中原戰事，對於李軌也只能無可奈何了。

但是，說來也巧，李軌的起事舊臣安修仁有一個哥哥叫安興貴，正好在李淵手下為官。安興貴看到李淵為李軌之事犯愁，就自告奮勇去涼州勸降李軌。

李淵初始還不大相信，他認為李軌雄踞河西，兵強馬壯，又南連吐谷渾，北通突厥，哪怕派出大軍進行征剿都不一定能夠降服，僅僅憑著安興貴一個人怎麼能夠讓李軌歸附呢？

但是身為累世居於涼州，在當地擁有巨大名望的安氏家族的一員，安興貴自覺成竹在胸。看到安興貴如此篤定，李淵雖然將信將疑，但還是抱著試一試的心理，派他前往涼州。

五月，安興貴來到涼州。李軌看到自己親信大臣安修仁的哥哥由唐朝來投，非常高興，委以安興貴重要職務。

在漸漸取得李軌信任之後，安興貴開始遊說李軌歸附李淵，但沒想到，本來認為可以很容易達到目的的安興貴得到的卻是李軌大聲地質問：「我據有河西險要之地，唐朝雖然強大，但又能拿我怎麼樣呢！你從唐朝那裡來，莫不是要替李淵當說客？」看到李軌真生氣了，安興貴趕緊道歉，不敢再造次了。

看來李軌是鐵了心不投降，那繼續遊說也就沒有任何意義了，反而會引起李軌的警惕，安興貴於是決定聯合他的弟弟安修仁一同智取河西。

安興貴、安修仁兩兄弟首先利用自己涼州望族以及胡人的身分，祕密聯合當地胡人，並離間李軌與將領們的關係。等到時機成熟，安氏兄弟突然起兵攻打李軌。慌亂中準備不足的李軌出城迎戰卻大敗而歸，只能退回城內堅守。

安興貴繞著城牆疾呼：「唐朝派我來誅殺李軌，不相干的人請暫避。如若為李軌提供幫助，誅滅三族。」城中軍民聽聞後士氣動搖，紛紛出城投降。已成孤家寡人的李軌最終被安興貴擒獲，隨後被送至長安斬首。

李軌從起兵到最後被殺不過短短三年時間，真是「其興也勃，其亡也忽」。

應該說李軌的死還是比較可惜的，從史書記載來看，李軌還是很有容人之量的。他胸襟開闊，不殺俘、不殺降，抓獲的士卒願意投降的他收留，不願投降的他一律放歸。那他為什麼會失敗呢？

首先是沒有大局意識，策略目標不明確。在李世民和薛舉展開第一次淺水原之戰的時候，李淵曾經招降李軌，共同應對薛氏父子，並任命李軌為涼州總管，封涼王，李軌欣然接受了。薛氏父子被平定後，李軌自行稱帝，李淵再次派人招附，他又捨不得皇帝這個稱號，夢想和李淵分庭抗禮，互相稱帝。

但當皇帝得有大局觀念和清晰的策略目標，而且還得堅決地予以貫徹執行啊！要知道皇帝只有一個，你要麼面北稱臣做個藩屬，要麼心一橫，提兵東進與李淵爭鋒，除此之外沒有第三選擇。

再後來安興貴勸說他效仿「竇融歸漢」臣服唐朝，李軌卻說當年吳王劉濞擁有江東的時候還自稱東帝，我現在擁有河西了，怎麼不能稱西帝，唐朝是很強大，那又能把我怎麼樣呢？這口氣怎麼聽怎麼像一個小混混當著一個大佬的面耍橫擺酷，還自我感覺良好，「你能把我怎麼樣，有本事咬我啊！」結果當然只能是找死。

其次是眾叛親離，內部分裂。他的吏部尚書梁碩，也是起兵集團主要成員之一，看到境內的胡人越來越多，就提醒他多加注意、小心提防。其實這也沒什麼錯，防範之心不可無嘛！誰知說者無意，聽者有心，這番話把兵部尚書安修仁給得罪了——安修仁就是世居涼州的胡人。於是安修仁就和李仲琰（李軌之子）一起誣陷梁碩謀反，李軌在未查明實情的情況下，毒殺了梁碩一家，造成眾將領，特別是起兵集團主要成員之間的離心離德。

最後是聽信讒言，日漸昏聵。當時，有一個胡巫說會天降玉女，聽起來真是祥瑞之兆，李軌就花費很多錢財修建高樓，準備迎接玉女降臨，最後當然是什麼事也沒發生，還花了不少銀錢鬧了個天大的笑話。

而這個時候河西正好鬧饑荒，老百姓都沒飯吃，甚至有人吃人現象。碰到這種情況，只要是個明君，都會開倉賑糧、安定民心，很多的故舊大臣也都建議要盡快開倉放糧。但是謝統師、韋士政等投降的前隋官員，出於排擠故舊大臣的私人目的不同意開倉放糧，理由也是相當可笑：「餓死的都是弱小的，留著也沒用，強壯的都餓不死，國家倉儲的糧食是留給不時之需的，怎麼能留給這些弱小又無用的人呢？」

好吧！只能送你們這些人一個大寫的「服」字。當然還有更讓人「服」的，李軌竟然採納了謝統師等人的意見，緊閉了倉門，當然也緊閉了老百姓的心門。

李淵不費一兵一卒就得到了河西走廊，可以說是意外之喜。河西走廊位於關中、隴右以西，是夾在青藏高原和蒙古高原之間的一條狹長通道，南抵甘肅蘭州，北接新疆哈密，自古就是連通中原和西域的通道，河西走廊的獲取不但開啟了唐王朝向西拓展的大門，也使得關中地區再無後顧之憂。

## 第七章　晉陽「再起兵」

看到這章的標題大家也許會覺得納悶，難道唐高祖李淵要追憶往昔崢嶸歲月，重走起兵之路了？當然不是，這次的起兵之人不是李淵而是劉武周。

劉武周不是割據馬邑嗎？怎麼又跑到晉陽去了，還上演了一齣晉陽「再起兵」呢？歷史有時候真的能夠「重演」，但結果就不一定一樣了。

## 一　定楊可汗劉武周

劉武周，祖籍河北，後來舉家遷居到山西馬邑，劉武周也是出生於豪富之家，看來造反還是要有點本錢的。

劉武周年輕的時候就驍勇善戰、強悍異常，喜歡到處交朋友，他的哥哥劉山伯就常責罵他交朋友從來不擇人，什麼狐朋狗友都交往，總有一天會害了全家的。猜想那個時候的劉武周就是個浪蕩公子哥，只知道吃喝玩樂、濫交朋友，後來應該是受到規勸，自己也想明白了，不能再這樣花天酒地、一事無成下去，白白浪費了一個大好青年。

劉武周選擇投身軍旅，跟隨隋煬帝出征高句麗，後來返回家鄉馬邑擔任鷹揚府校尉。

因為劉武周在當地朋友多，為人也豪闊，馬邑太守王仁恭非常器重劉武周，讓他擔任自己的心腹，統率親兵駐防在太守官署。但劉武周卻和自己頂頭上司的侍女私通，這真是膽大包天、恣意妄為。劉武周也怕事情暴露之後自己吃不了兜著走，就暗暗起了反叛之心。

大業十三年（西元六一七年）二月，趁著天下大亂、民不聊生的時候，劉武周散播謠言說，現在鬧饑荒，老百姓餓死了不知多少，而我們的太守卻不開倉放糧，哪裡管老百姓的死活啊！看到民心為之動搖，劉武周稱病躺在家裡。當地的朋友紛紛來看望他，劉武周便殺牛宰羊，大擺宴席，席間劉武周鼓動大家與他共同舉義。

劉武周在當地的號召力還是很強大的，在座的眾人一齊響應。於是劉武周率眾闖入太守府，殺了太守王仁恭，並自命為馬邑太守，正式起兵反隋。

因為馬邑在山西北部，緊鄰突厥，劉武周起兵後的第一件事就是遣使向突厥表示歸附。

三月，劉武周與突厥軍合兵襲破樓煩郡（今山西忻州市），占據汾陽宮。為了結納突厥，他將汾陽宮的宮女和財寶都送給了始畢可汗。始畢可汗非常高興，贈送劉武周戰馬，並派兵協助他進兵。在突厥的支援下，劉武周實力大增，兵鋒大振。

不久後，劉武周自立稱帝，任命他的妹夫苑君璋為內史令。突厥派人冊封劉武周為「定楊可汗」，並贈其「狼頭纛」，就是有狼頭標誌的軍旗，因為突厥人認為自己是「狼的傳人」。

隨後，劉武周攻占了整個山西北部，包括大同、朔州、忻州等地，再往南就是李淵駐守的晉陽了。

這個時候的李淵仍然沒有下定起兵的決心，不過他巧妙地利用劉武周占據汾陽宮這一機會，「名正言順」地以討伐劉武周為名招兵買馬，偷偷地進行晉陽起兵的各項準備。

## 二　李元吉失晉陽

占領了山西北部，又有突厥人的大力支持，我們的「定楊可汗」劉武周的野心就不僅僅滿足於割據一地了。沒過多久，李淵晉陽起兵，並且很快攻入關中，搶占長安，只留下李元吉在晉陽留守看守大後方。

劉武周於是想趁著李淵忙於關中戰事，晉陽防守力量薄弱的時候攻打晉陽。正當劉武周對是否進攻晉陽疑而未決的時候，易州盜賊首領宋金剛率領本部人馬前來投降，實力大增的劉武周堅定了南下晉陽的決心。

宋金剛是何許人也？

宋金剛，河北上谷人（現河北張家口），最初與魏刀兒相聯結在河北起兵叛隋，後來竇建德消滅了魏刀兒，併吞了魏刀兒的兵馬，宋金剛就跑到馬邑投奔了劉武周。宋金剛來投，劉武周非常高興，因為宋金剛作戰勇猛善於用兵。劉武周對宋金剛非常信任，委以軍事大權，並分一半的家產給他。宋金剛也是投桃報李，休掉原配夫人，改娶劉武周的妹妹為妻，成為劉武周的一個妹夫。

看到劉武周有謀取晉陽的打算，野心勃勃的宋金剛就勸說劉武周不光要攻打晉陽，更要趁李淵關中新定立足未穩的時候南向爭奪天下。

但是劉武周的另一個妹夫，也就是苑君璋卻表示反對。他勸劉武周不要深入險境，輕易興兵伐唐，這個時候北面聯合突厥，南面與唐結交，稱霸一地，以觀天下才是長遠之策。

在兩個妹夫當中，劉武周最終選擇了宋金剛。武德二年（西元六一九年）六月，劉武周留下苑君璋留守馬邑，自己帶領宋金剛率大軍直取晉陽。

劉武周首先進攻晉陽的周邊，先後攻破了榆次、平遙、介州等郡縣。唐行軍總管李仲文和右武衛大將軍姜寶誼兵敗被俘，後僥倖逃脫。

九月，在肅清晉陽四周之後，劉武周對晉陽發起了總攻。留守晉陽的李元吉一看情勢不對，就欺騙他的司馬劉德威說：「你帶著老弱殘兵守城，我親自帶領精兵強將出城交戰。」誰知道李元吉半夜出兵不是和劉武周交戰去了，而是攜帶妻子小妾放棄了晉陽逃回長安去了。李元吉一走，晉陽群龍無首，唐朝的興兵之地就這樣未做任何抵抗失陷了。

## 三　晉陽再「起兵」

劉武周兵略晉陽，聲勢浩大。為了奪回自己的起兵之基，李淵任命裴寂為晉州道行軍總管統領軍隊討伐劉武周。

裴寂率領大軍來到介州，此時的介州城已被宋金剛占領，裴寂於是在度索原紮下大營。宋金剛派出部隊切斷了唐軍的水源，飢渴難耐的唐軍只能拔營去尋找新的水源地。就在唐軍拔營出發陣型稍亂的時候，宋金剛乘勢率軍掩殺過來，唐軍被打得大敗，幾乎全軍覆沒。

慌亂中裴寂領著殘軍一路向南逃奔，一直跑到臨汾才停了下來。劉武周克浩州，攻西河，擊殺姜寶誼，隨後也上演了一齣立足晉陽，直取關中的「晉陽起兵」大戲。

劉武周派遣宋金剛為先鋒官，率領大軍出雀鼠谷，進占霍邑，攻克臨汾，俘獲了唐右驍衛大將軍劉弘基，後來劉弘基僥倖逃脫。

宋金剛繼續南侵，進逼絳州（今山西省新絳縣），攻占龍門，克定澮州（今山西省翼城縣），兵鋒直抵黃河東岸。是不是同樣的配方，同樣的味道啊？和李淵「晉陽起兵」的行軍路線一模一樣，而且兵鋒更銳。李淵當時無法攻克屈突通的河東郡，只能冒著後路被截斷的危險，繞過河東搶渡黃河。

宋金剛面臨的情況則有利得多。首先，唐朝主將裴寂性格怯懦，沒有將帥之才，不但不能有效抵禦劉武周的進攻，反而因為擔心助長敵軍勢力，大肆破壞當地居民的財產，使得百姓們損失慘重，這激起夏縣人呂崇茂聚眾起義，響應劉武周；其次，此時河東郡仍由隋將王行本把守，他長期死守，拒絕投降李淵，此刻更是與宋金剛合軍一處，使得唐軍處境更加被動。

當時，黃河以東絕大部分地區已被劉武周、宋金剛控制，面對這種頹勢，長安為之震動，關中為之震動，李淵甚至頒布了放棄整個黃河以東地區，退保關中的敕書。

如果現今做一個歷史假設，李淵當初放棄了整個河東，退保關中，唐朝必將面對一個極端被動的策略頹勢局面。面對劉武周的瘋狂進攻，李淵能否守住黃河防線是要打上一個大大的問號的。再加上洛陽王世充對關中地區的虎視眈眈，初生的大唐王朝可謂生死存於一線。

危急時刻，又是李世民站了出來。他上表李淵道：「太原是我們成就王業的基礎，河東地區物阜民豐，是關中地區的屏障和後勤基地，是不能夠隨隨便便放棄的。」表章的最後，李世民請求李淵讓他統率三萬精兵東渡黃河，征討劉武周，收復太原。

李淵看了李世民的表章後非常高興，他收回了之前下達的棄河東，保關中的敕書，並徵發關中所有兵力歸李世民調遣，全力支持李世民東渡黃河。

## 四　柏壁之戰——秦王收復河東

武德二年（西元六一九年）十一月，秦王李世民趁著黃河封凍，率領大軍從龍門東渡黃河進入山西，並駐屯柏壁（今山西新絳西南）與宋金剛展開對峙。

柏壁之戰是李世民的經典一役，也是他一生征戰生涯的真實寫照，他在此戰所採用的策略、實施的戰法在其後很多戰役中都得到展現。具體概括起來有以下三條：一是身先士卒，提振軍心；二是避其鋒芒，等待時機；三是主動出擊，斷其支援。

身先士卒，提振軍心。來到柏壁後，為了掌握宋金剛部隊的虛實，李世民親率輕騎到敵營附近進行偵察。在完成偵察任務後，李世民帶了一名甲士登上山丘休息，也許是太疲勞了，不知不覺二人竟然睡著了。這個時候宋金剛的巡邏兵發現了他們，並從四面包圍了過來。幸虧一條蛇追食老鼠的動靜驚醒了甲士，甲士趕忙喚醒李世民，二人飛身上馬快速撤離。

敵軍哪肯輕易放過李世民，在二人後面窮追不捨，眼看就要追上，李世民彎弓搭箭，一箭射死了領軍將領，其他的追兵一看將領被射殺嚇得不敢再追。李世民就這樣毫髮無損地返回了大營。將士們看到李世民如此無所畏懼都是信心大振。

避其鋒芒，等待時機。當時整個山西的戰場環境對李世民是十分不利的。宋金剛兵多將廣，氣勢正盛，又有呂崇茂和王行本作為響應；而李世民則在兵力上和氣勢上都要弱於宋金剛，更加不利的還是糧草問題。

當時黃河以東地區遭受戰火劫掠，老百姓紛紛躲了起來，唐軍在當地根本徵集不到任何糧草物資。李世民於是釋出告示，安撫四周。當地的老百姓聽說李世民帶兵前來征討，都從藏身之處跑出來歸附，消息一傳十，十傳百，前來歸順的人越來越多，軍糧物資也越來越充足。

看到形勢逐漸轉好，眾位將領紛紛請戰，但李世民沒有同意，仍然堅壁不戰，以待時機，只是偶爾派出小股騎兵進行突擊襲擾。

主動出擊，斷其支援。李世民堅壁清野，固守以待時機的策略有效地拖住了宋金剛。對於與宋金剛遙相呼應的呂崇茂和王行本，唐軍選擇了主動出擊。永安王李孝基率軍攻擊呂崇茂，宋金剛派遣尉遲恭和尋相赴援。雖然這一仗唐軍大敗，李孝基做了尉遲恭的俘虜，但隨後的作戰唐軍迅速扭轉了戰局。

在尉遲恭、尋相返回澮州的時候，李世民派遣殷開山、秦叔寶等人在美良川截擊，大敗尉遲恭和尋相。不久後，尉遲恭和尋相又祕密帶兵救援王行本。截獲消息後，李世民親率三千勁卒從小路連夜進行阻截，這一仗宋軍全部被俘，只有尉遲恭和尋相兩人逃脫。大獲全勝後的李世民沒有乘勝追擊，而是重新返回柏壁堅守，繼續將宋金剛的主力部隊牢牢拖住。

武德三年（西元六二〇年）一月，唐將秦武通對王行本展開總攻，王行本獻城投降，之後，桑顯和又擊敗呂崇茂。宋金剛頓時失去所有外援陷入窘境。與此同時，身處晉陽的劉武周那邊的情勢也好不到哪裡去。

劉武周多次率軍攻打浩州都被李仲文擊敗，因而無力發兵增援逐漸陷入窘迫的宋金剛；而張難堡的唐軍又襲擊了劉武周的運糧道，切斷了宋金剛的糧草供應。

四月，糧草耗盡的宋金剛再也無法支持，只能從柏壁狼狽撤軍，率領部隊順著絳州、臨汾、霍邑一路北竄，怎麼來的又怎麼原路退了回去，李世民等待的機會終於出現了。

李世民果斷率領精騎北追，在霍邑追上了負責斷後的尋相。擊敗尋相後，李世民繼續乘勝追擊，連續作戰十餘次，一天之內就向北突進了二百多里。劉弘基看到李世民孤軍深入，後援大軍未能跟上，就拉住李世民戰馬的轡繩勸他窮寇莫追，況且此刻將士們也飢餓疲憊，應當安營紮寨，休整兵馬，等到後援大軍及糧草都齊備之後再進行追擊。

李世民予以否決，他認為這是徹底消滅宋金剛的最好機會：「宋金剛已經窮途末路、軍心渙散，現在是徹底消滅他的最好機會，如果放棄追趕讓他獲得喘息的機會來加強防備，那肯定會貽誤這次千載難逢的機會。」於是不再耽擱縱馬追擊。

將士們看到李世民如此奮勇向前，也忘記了飢餓疲憊，追隨著李世民一路北進。終於，唐軍在雀鼠谷追上了宋金剛，一天之內雙方交戰八次，宋金剛的部隊被殺死、俘虜了上萬人。直到這天夜晚，唐軍才在雀鼠谷西原紮營，稍作休整。此時的李世民已經兩天沒吃東西，三天沒脫戰袍，全軍上下也只剩下一隻羊。李世民命人將羊宰殺後與眾將士們分而食之。

宋金剛逃至介休城，李世民緊隨而至，雙方在城下展開正面對決。宋金剛此時仍有兩萬人馬，孤注一擲的他率領全軍出西門，背對城牆排兵布陣。

李世民同樣是一鼓作氣，派遣李勣出面挑戰。戰事之初，唐軍稍顯不利，李勣率軍稍稍退卻，急於反撲的宋金剛催陣進擊，李世民抓住宋軍遠離城牆的有利時機，率領精騎繞到宋金剛的背後實施突襲。宋軍大敗，宋金剛扔下部隊逃走了。

宋金剛北逃，尉遲恭在介休收整殘部準備繼續堅守。李世民派遣任城王李道宗、宇文士及前去勸降，尉遲恭於是獻出介休投降了李世民。

看到尉遲恭這員猛將來投，李世民非常高興，不顧與宋金剛的戰鬥仍未結束，以及屈突通等人擔心尉遲恭會反覆，任命尉遲恭為右一府統軍，仍舊讓他統領八千舊部和各營雜處一塊。不得不說，在作戰的緊要關頭，宋金剛和劉武周仍在抵抗，這樣對一員降將坦誠相待需要很大的自信。

劉武周聽聞宋金剛兵敗、尉遲恭投降，大為恐慌，於是放棄太原北逃突厥。宋金剛仍想繼續抵抗，但無奈此時已經沒人願意再跟著他作戰了，於是他也逃往突厥。李世民順利收復太原，之後河東地區的其他州縣也先後回歸了大唐。

沒過多久，劉武周、宋金剛謀劃逃離突厥沒有成功，被突厥可汗殺死。

劉武周「晉陽起兵」選擇了和李淵同樣的進軍路線，但一個定鼎長安，開創偉業，一個倉皇北竄，最後身死名裂，真是此一時彼一時。

李淵起兵的時候打著「忠於隋室」的旗號，而劉武周打著突厥人的狼頭旗，所以說舉什麼旗非常重要，要不然師出無名，很難獲得天下人的認可。

而且劉武周碰到的對手是秦王李世民，李世民可不是李元吉，也不是宋老生，李元吉棄城逃跑，宋老生有勇無謀。李世民是在極端被動——李淵想放棄整個河東地區，退保關中的情況下，率軍強渡黃河，給劉武周、宋金剛當頭棒擊的。最後，劉武周、宋金剛只能逃附突厥，寄人籬下，最終被殺身死。

# 第三篇

## 經略中原

剿滅薛舉父子，擒殺李軌，擊潰劉武周，關中地區面臨的直接威脅基本上解除了。而且，隨著隴右、河西地區的平定，河東地區的穩固以及巴蜀地區的歸附，李淵更是獲得了廣闊的策略縱深和後方基地，長安及關中的形勢已完全穩定。

李淵下一個策略目標直指中原大地。

此時的中原大地上盤踞著李密的瓦崗軍、王世充的鄭國以及竇建德的夏國三大勢力，也是隋末群雄並起時三股實力最為強大的割據勢力。要完成經略中原的策略目標，這三股勢力成為李淵前進道路上最大的攔路虎。

中原，地處中國大地的正中，是歷代王朝的核心腹地。隋唐時期，以東都洛陽為中心的中原地區更是政治、經濟和行政中心，漕運和交通中心以及三大糧倉（洛口倉、回洛倉、黎陽倉）的所在地，可以毫不誇張地說，誰最終能夠占據中原地區，誰就能夠四方用兵，進而蕩平天下，實現一統。也正是基於這個原因，亂世中的中原地區成為四戰之地，各路諸侯虎視眈眈，欲奪之而後快。

李淵自然也不例外，在占領長安不久，關中地區還未完全穩定的時候，李淵就命令李世民出潼關撫慰中原，說是撫慰，其實就是進攻。後來由於薛舉父子兵犯關中，為了確保後方的穩固，李世民選擇放緩進攻中原，回師征剿薛氏父子。但是暫時的放緩不等於完全的放棄，高瞻遠矚的李世民在東都洛陽的眼皮底下紮下了兩根深深的釘子。

在率軍回師關中之前，李世民曾對將領們說：「洛陽的隋軍（此時的洛陽還控制在越王楊侗手中）見到我們撤軍，一定會尾隨追擊我們，如果這個時候我們完全棄守，不但之前進攻中原的戰果化為烏有，而且很可能被隋兵咬住，造成大潰退，直接威脅到潼關甚至關中的安危。」

李世民於是在撤軍時設下三道埋伏等待追兵。

果然，隋將段達率領一萬多人馬從後追擊，在經過三王陵（位於洛陽市西南十里）的時候，李世民指揮伏軍大敗段達，並乘勢殺了個回馬槍，直追至洛陽城下。這一仗對洛陽隋軍產生很大的震懾作用，之後隋軍再也不敢出城交戰，只能固城自守，更談不上西向威脅關中地區，這使得李淵、李世民可以騰出手來剿滅薛氏父子。

李世民退軍後在洛陽西部設定熊州和穀州（今洛陽市洛寧縣和新安縣），並留下任瑰、盛彥師、史萬寶等戍守此地。

# 第八章　天下盟主李密

「心中惱恨西魏王，玉璽換來蕭美娘，瓦崗山上散眾將，一統江山歸大唐。」這是《隋唐演義》裡面，瓦崗寨軍師徐茂公投唐的時候在聚義廳所題的一首反詩。說的是瓦崗軍首領、西魏王李密不愛江山愛美人，用傳國玉璽換來隋煬帝的蕭妃，之後整天沉迷在美色當中，不事朝政，導致瓦崗軍土崩瓦解、分崩離析。

小時候特別喜歡聽評書《隋唐演義》，留下深刻印象的是西府趙王李元霸的擂鼓甕金錘，是天保大將宇文成都的鳳翅鎦金钂，是一猛一絕會一傑，是群雄聚義瓦崗寨，當然印象最深刻的還是這個西魏王李密。

長大以後才知道這些故事都是杜撰出來的，小說裡面的徐茂公是個牛鼻子老道，誰知道歷史上的他竟是大唐赫赫有名的戰神李勣；「半路殺出來」的程咬金是個只會三板斧的私鹽販子、混世魔王，誰知道歷史上的他就是歷經四朝的大唐開國元勛程知節。李元霸是虛構出來的歷史人物，宇文化及也並沒有一個兒子叫宇文成都，而西魏王（歷史上的李密沒做過魏王，只稱過魏公）李密，這位隋唐英雄更是被描繪成一名酒色之徒。

歷史上的李密真像小說中所寫得那麼不堪嗎？讓我們一起來探究歷史上真實的李密。

李密在隋唐交替時期是個影響力非常大的人物，應該可以算作是隋王朝第一個掘墓人，因為李密輔佐楊玄感在黎陽起兵，使得全國的叛亂由民變轉化為兵變，並導致天下情勢一發而不可收，隋朝各地的將領大臣紛紛效仿起事，這其中就包括後來代隋建唐的李淵。

李密領導的瓦崗軍對後繼的唐朝影響力也非常大，不說別的，看看瓦崗軍為大唐提供了多少良臣猛將？魏徵、李勣、秦叔寶、程知節、羅士信、郭孝恪等，前面四位均位列凌煙閣二十四功臣，羅士信也是勇冠三軍，跟隨李世民平王世充、滅竇建德，戰功卓著，可惜後來在征討劉黑闥的時候戰死在洺水縣城，年僅二十歲。郭孝恪同樣英勇非凡，後來擔任唐朝安西都護，威震西域。這些能臣猛將難道會如小說描寫那樣不堪嗎？

從整個大唐發展的歷程，特別是統一天下的歷程來看，李密也是這個歷程中時間和空間上的策略關鍵點。李密後來的失敗投唐，相當於為李淵打通了「任督二脈」，至此唐王朝在中原腹地獲得了關鍵立足點以及大片領地。特別是李勣攜黎陽歸降唐朝後，與淮安王李神通合兵一處，成功分割了王世充、竇建德兩大勢力，為李世民逐鹿中原打下了堅實的基礎。

## 一　含著金湯匙出生的李密

金風蕩初節，玉露凋晚林。
此夕窮塗士，鬱陶傷寸心。
野平葭葦合，村荒藜藿深。
眺聽良多感，徙倚獨沾襟。
沾襟何所為，悵然懷古意。
秦俗猶未平，漢道將何冀？

樊噲市井徒，蕭何刀筆吏。
一朝時運會，千古傳名謚。
寄言世上雄，虛生真可愧。

李密，文武全才，這首〈淮陽感懷〉雖然有著沉鬱、肅殺和惆悵之意，但最後的「一朝運濟，千古傳名」則表露了李密希望乘亂而起，大展宏圖的個人抱負。寫這首詩的時候，李密因為協助楊玄感起兵失敗，四處逃難，隨時面臨被誅殺的危險。從累世勳貴變成叛臣賊子，李密的人生經歷真的很特別！

李密的曾祖父李弼，是西魏八柱國之一。前面說到過，這八柱國是關隴集團寶塔頂尖的人物。後來西魏滅亡，李弼入北周被封太師、魏國公。隋文帝楊堅代北周建立隋朝後，李密的父親李寬被封為上柱國、蒲山郡公，隋文帝開皇年間，李密承襲父親李寬的爵位被封蒲山公。小小年紀即襲公爵，李密真可謂含著金湯匙出生。

生於這樣優渥的家庭環境中，李密自小也表現得卓爾不凡、志向遠大，以治世濟民為己任；但猜想也是這種卓爾不凡、光彩照人，讓李密招致了人生中第一次尷尬。

大業初年，李密擔任東宮千牛備身。大家可別小看了這個侍衛，雖然官職不大，但對身分要求很高，不是貴族勛爵的子弟是不能擔當此任的。

有一次李密當班，正好碰上楊廣，楊廣在眾多儀衛中一眼就看到「額銳角方，瞳子黑白明澈」的李密，就問宇文述這個小孩是誰啊？宇文述答道：是蒲山郡公李寬的兒子。結果楊廣甩下一句話，「此兒顧盼不常，無入衛」。意思就是這小子看起來異於常人，別讓他當我的侍衛。第一次見到長官就給對方留下這種印象，這以後還怎麼混啊？不過這事情也確實很奇怪，難道楊廣一眼就看出來李密將來會成為隋朝的掘墓人？當然這肯定是不可能的。魏徵所做的〈唐故邢國公李密墓誌銘〉裡有一段話，「起家左親衛府東宮千牛備身，趨馳武帳，暈映廊廡，出入龍樓，光生道路」。也許是李密骨子裡與生俱來的「光生道路」、光彩照人，讓楊廣看起來很不舒服吧！

既然上級不待見，那也就沒辦法了，太子的貼身侍衛肯定是當不了了。鬱鬱不得志的李密自此以後隱姓埋名，刻苦讀書，後來結識了楊玄感，二人引為至交。

大業九年（西元六一三年），楊廣第二次親征高句麗，派楊玄感在黎陽督糧。楊玄感看到此時天下已亂，就在黎陽起兵反隋，並派人到長安把李密接到自己軍中委以重任。

李密為楊玄感定了三條計策：一是乘著此時楊廣遠在遼東萬里之外，揮軍北上直取幽州（今北京市），占據山海關，切斷楊廣的退路，接著聯合高句麗南北夾攻，擒拿楊廣，然後傳檄定天下，這是上策；二是繞過東都洛陽，繞過隋室的兵馬糧草集結地和四戰之地——中原地區，揮師西向，迅速搶占長安，穩定關中，並扼守潼關，與隋室分庭抗禮，再慢慢以圖天下，這是中策；下策是就近攻打洛陽，但洛陽城高牆固，兵馬糧草又十分充足，且位於天下之中，隋軍可以四面赴援，到時候勝負就未知了。

楊玄感偏偏採納了李密的下策，率兵攻打東都洛陽，結果圍攻了很長時間都不能攻克，此時楊廣派出的救援部隊趕到洛陽，隋將衛玄和屈突通展開東西兩面夾攻，楊玄感不能支撐，只能放棄洛陽向西奔赴關中。

但此時形勢已經對楊玄感極端不利了，前有潼關阻道，後有屈突通的虎狼追兵，在這種極端不利的情況下，楊玄感再次犯下一個致命的錯誤，他花了三天時間圍攻弘農宮（位於今河南三門峽），而對近在眼前的潼關視而不見。李密屢次勸他，追兵已迫在眉睫，務必放棄弘農宮迅速攻下潼關，然後據險堅守，否則情勢危矣！但楊玄感沒有聽，繼續圍攻弘農宮，最後被隋朝的追兵追上，無奈自殺身死。

楊玄感兵敗身死後，李密僥倖逃脫，想偷偷跑回長安，但被巡邏的士兵抓住。在押往洛陽的路上，李密花錢收買押解人員逃跑了，之後的三年就是到處躲避藏匿，上面的那首〈淮陽感懷〉就是躲藏在淮陽做教書先生時所作。

可以看出，李密的出身一點也不比後來建立大唐、統一天下的李淵低，而且在反隋大業上更是開拓性、代表性的旗幟人物。

## 二　輝煌、跌宕的瓦崗歲月

大業十二年（西元六一六年），翟讓占據瓦崗寨起兵反隋，建立了後來赫赫有名的瓦崗軍。李密在顛沛流離、四處躲藏了近三年後，經過王伯當介紹投奔了翟讓，加入了瓦崗軍，開啟了他人生中最輝煌、跌宕的一段瓦崗歲月。

提起瓦崗軍，就不能不說說翟讓、李勣和單雄信三人。翟讓是東郡（今河南滑縣）人，單雄信和李勣是曹州（今山東菏澤市）人。滑縣和菏澤雖然分屬河南和山東兩省，但其實兩地隔得非常近，翟讓、李勣和單雄信也是很早就熟識了。

翟讓時任東郡的司法法曹，因犯罪被收監候斬，當時的監獄長念及翟讓是個驍勇過人的義士，就把他給釋放了。翟讓趁著天下大亂、群雄並起，帶著同郡人單雄信、李勣落草為寇。後來隊伍逐漸發展壯大，野心也逐漸膨脹，不再滿足於打家劫舍，而是樹起了反隋的義旗，因所占之地在瓦崗寨（位於滑縣東南），故號稱瓦崗軍。

李密一生的精華都集中在瓦崗歲月中，雖然只有短短不到三年時間，卻可大致分為三個階段。

第一階段是大業十二年（西元六一六年）十月至大業十三年（西元六一七年）二月。李密初入瓦崗，透過製造社會輿論、三次諫議翟讓以及一系列的征戰，逐步樹立個人威望，最終取得瓦崗軍的領導權。

第二階段是大業十三年（西元六一七年）二月至唐高祖武德元年（西元六一八年）一月。李密與隋室在洛陽展開拉鋸戰，兵圍洛陽，建城金墉，名動天下，並逐漸成為各路義軍的盟主。這段時期李密也達到了個人生涯的巔峰。

第三階段是武德元年（西元六一八年）一月至九月。這段時期，天下形勢鉅變，隋煬帝江都被弒，李淵長安稱帝，越王楊侗東都繼位為皇泰主。李密接受皇泰主的冊封率軍東征，擊敗弒殺隋煬帝楊廣的宇文化及，但這個時候，無論是瓦崗軍的整體實力還是李密的個人作為都在逐漸走下坡。瓦崗軍最終覆滅，李密也兵敗投唐。

## 掌控瓦崗軍

李密剛投到翟讓麾下效力的時候，很不受重用，還因為是朝廷欽犯的原因，差點被翟讓手下給殺掉。後來李密憑著自己過人的才華和謀略，透過製造社會輿論，三次諫議翟讓，一步步取得翟讓的信任，逐步樹立起個人威望，也一步步掌握了瓦崗軍的領導權。

製造社會輿論。用現在比較時髦的話來講就是成為「網紅」，成為一個自帶流量的超級「網紅」。

而要成為古時候的「網紅」，就要創造讖語，讓老百姓相信你就是天命所歸，都來追隨你。這個時候社會上早就流傳開「李氏當為天子」的讖語，但對於李密來講，這個社會輿論還遠遠不夠，因為李氏作為一個姓氏，指代面太廣泛了，光瓦崗軍內部就有眾多李姓將領，所以這句話並不一定指代李密啊！李密需要一個有明確指代性的讖語。

想什麼就來什麼，這個時候剛好有個叫李玄英的人從東都洛陽跑出來到處尋訪李密，並逢人就說：「取代隋朝的人一定是李密。」大家就都問他，為什麼一定是李密啊？李玄英說：「近來民間流傳一首叫〈桃李章〉的歌謠，歌詞是這麼說的：桃李子，皇后繞揚州，宛轉花園裡。勿浪語，誰道許。」

李玄英還怕大家聽不懂，就跟大家解釋：「桃李子」，桃通逃，指的就是一個逃跑的李氏之子；「皇后繞揚州，宛轉花園裡」，皇和後被纏繞在揚州城的花園裡了，再也回不來了，很明顯指的是楊廣氣數已盡，最後會死在揚州城裡；而「勿浪語，誰道許」，不允許隨便亂說話，要保密啊！整句話合起來不就指的是李密將取代隋朝奪得天下嘛！王伯當也不失時機地在一旁敲邊鼓說：「現在大家都說楊氏當滅，李氏當興。我還聽說能成大業者是不會死的，李密幾次三番度過劫難，這個李氏不就指的李密嗎？難道還會有別人嗎？」

很明顯，李玄英和王伯當的所作所為都是李密安排的，而李密也透過這樣的安排網羅了不少人才、收服了眾多義軍，壯大了瓦崗軍的聲威，翟讓也逐漸對李密產生了敬重之情。

一諫翟讓，確立起兵的宗旨。在收附了民心，取得了翟讓的敬佩之後，李密首先獻計翟讓：「今主昏於上，民怨於下，銳兵盡於遼東，和親絕於突厥，方乃巡遊揚、越，委棄東都，此亦劉、項奮起之會也。以足下雄才大略，士馬精銳，席捲二京，誅滅暴虐，隋氏不足亡也！」意思很明確，就是要讓翟讓明確起兵的宗旨：趁著老百姓怨聲載道，楊廣昏庸無道，放棄整個關中和中原地區退避江都的時候，振臂一揮，推翻隋室，成就一番大業。

不過這個時候的翟讓不太可能像李密一樣具有如此宏圖大志，他對李密說：「我們只是一夥強盜，每天就是在綠林中偷生，你所說的不是我能夠想到的。」

話雖這麼說，翟讓還是讓李密和房彥藻（李密的心腹舊部，曾一同輔佐楊玄感起兵）去漢、汅之地遊說豪傑之士、招附其他義軍。李密也是不負所托，跟隨他前來投奔瓦崗軍的人數眾多。翟讓看到這麼多人前來投靠，就很想聽從李密的建議舉起反隋的義旗，但因為能力和威望不足，翟讓仍然猶豫不決。

二諫翟讓，明確瓦崗軍的發展方向。看到翟讓沒有反隋的大志，李密沒有氣餒，因為他知道，如果瓦崗軍囿於瓦崗一隅，是沒有什麼發展希望的，翟讓雖然沒有起兵反隋之志，但還是有發展壯大瓦崗之心的。

沒過多久，李密獻計翟讓：「今四海糜沸，不得耕耘，公士眾雖多，食無倉廩，唯資野掠，常苦不給。若曠日持久，加以大敵臨之，必渙然離散。未若先取滎陽，休兵館穀，待士馬肥充，然後與之爭利。」就是讓翟讓西取滎陽（今河南省滎陽市），以獲得更大的發展空間，並厲兵秣馬，休養生息，待時而動。翟讓這次聽從了李密的建議，帶著部隊沿黃河一路西進，圍困滎陽。

滎陽的策略地位十分重要，虎牢關以及三大糧倉中的洛口倉都位於此地，是東都洛陽東面最重要策略屏障。滎陽一旦失守，特別是跨過虎牢關後，面對的是一馬平川的洛陽盆地，騎兵旦夕之間可直抵洛陽城下。

看到瓦崗軍勢力發展到如此地步，楊廣出大招了，他派遣張須陀討伐瓦崗軍。

張須陀是何許人也？隋朝大將，手下兩員猛將秦叔寶、羅士信也是驍勇善戰。大業末年，天下大亂，張須陀帶兵四處平叛，敗王薄，擊潰盧明月，後率兵抵禦瓦崗軍，前後三十餘戰，每戰必勝。楊廣因為張須陀平賊有功，下令重重褒獎，並讓畫師畫下張須陀、羅士信等人戰鬥的畫像在朝廷內各處傳閱。

看到大將張須陀帶兵前來，翟讓害怕了，想撤圍退軍。但是李密堅決反對，他認為張須陀以前經常取勝肯定容易驕傲，而驕傲必然導致輕敵，一旦他輕敵則有機會戰而勝之。

果然戰鬥打響後，張須陀輕敵冒進，中了李密的埋伏，張須陀力戰得以突圍，但見部下仍然被圍，便再次衝進包圍圈營救，如此往復四次，但於事無補。張須陀仰天長嘆：「兵敗如此，哪還有臉面見天子啊！」於是下馬步戰，力竭身死。張須陀戰死後，他手下的官兵晝夜號哭，數日不止，秦叔寶、羅士信則在突圍後投奔了虎牢關守將裴仁基。

此戰過後，翟讓對李密言聽計從，並分兵給李密，讓他自設牙帳。有了軍事指揮權後，李密也真正展現了他的軍事才華。他治軍嚴謹、體恤將士，打仗所得的金銀都分給屬下，因此人人樂意效勞。翟讓曾經率所部兵馬東歸瓦崗，但沒多久又率軍回到滎陽，重新和李密合軍一處。

三諫翟讓，樹起反隋大旗。大業十三年（西元六一七年）二月，李密三諫翟讓樹起反隋義旗，並攻占洛口倉（位於今河南省鄭州市河洛鎮），開倉放糧，招兵買馬，徹底推翻隋朝統治，成就皇圖霸業。這個時候的翟讓回答的口氣就和之前不一樣了，翟讓對李密說：「這是英雄的韜略，不是我可以承擔得了的，你帶兵先行我殿後，等攻克了洛口倉我們再說吧！」

從這句話可以看出，翟讓雖然仍然有所疑慮，但也沒有完全拒絕李密的請求。於是李密率領精兵七千從陽城（河南登封）出發，越方山，過羅口，很快就攻下了洛口倉，並開倉放糧，周圍跑過來歸附的人有幾十萬。

洛口倉被占意味著東都洛陽面臨糧食斷絕的危險，越王楊侗連忙派遣劉長恭討伐李密，又派遣裴仁基東出虎牢，想兩軍東西夾擊剿滅李密於洛水河畔。李密先是率領單雄信、李勣擊敗了劉長恭，之後又迫使裴仁基畏縮不敢西進，最後撤兵返回虎牢。消息傳回洛陽，整個東都為之震動。

洛口倉之戰過後，翟讓推舉李密為瓦崗首領，李密也如願以償掌握了整個瓦崗軍的領導大權。李密能夠執掌瓦崗雖然與其個人魅力和卓越的軍事才能分不開，但從一個側面也可以看出翟讓的寬宏大度。

翟讓並不是一個嫉賢妒能、心胸狹窄之人，他自知能力、名望都不如李密，但他沒有心生怨念，沒有排擠李密，更沒有背後捅刀子，而是欣然將瓦崗首領之位讓給了李密。

在李密的帶領下，瓦崗軍軍威大振，名動天下，鞏縣長史柴孝和獻出縣城投降李密。李密又派遣房彥藻率兵向東攻擊，奪取了河南東部以及山東西部的大多數郡縣。四月，裴仁基帶著兒子裴行儼獻出虎牢關歸降李密，一同歸降的還有秦叔寶、程咬金和羅士信。

此時的瓦崗軍占據洛口倉，控制河南大部，兵精糧足，猛將如雲，東都洛陽似乎唾手可得。

## 感覺人生已經達到巔峰

李密掌握瓦崗軍、占據洛口之後，和隋室在洛陽及周邊展開了拉鋸戰，主要的戰場集中在洛陽、偃師、洛口、滎陽這四個直線距離百餘公里的城市之間，從大業十三年（西元六一七年）二月一直持續到武德元年（西元六一八年）一月，近一年的時間。

兩占回洛倉。回洛倉在洛陽市的北部，是東都洛陽的屯糧之所。大業十三年（西元六一七年）四月，李密封裴仁基為上柱國，與孟讓一起率兵二萬襲擊回洛倉，很快便占領了倉城，並派兵搶掠東都洛陽，火燒天津橋。由於孟讓的部隊是山賊出身，紀律很差，一心只顧著爭奪搶劫，造成大面積騷亂，裴仁基也無法有效進行約束，結果洛陽城的隋軍乘亂掩殺出來，裴仁基大敗，只好放棄回洛倉退守鞏義。李密聞知裴仁基兵敗，親率三萬大軍赴援，並再次攻克回洛倉。

此時洛口、回洛、黎陽三大糧倉都被瓦崗軍占據，周法明也舉黃河、淮河之間大片土地來降，李密於是釋出討隋檄文，列舉楊廣的十宗罪狀，引起了天下震動。「罄南山之竹，書罪未窮；決東海之波，流惡難盡。」這句千古名句就出自此檄文。

兩戰洛口。這年的七月，楊廣派遣王世充率領江淮精兵赴援東都洛陽。之後的洛陽拉鋸戰就成了李密和王世充的捉對廝殺，雙方在洛口展開了兩次大對決。

第一次洛口之戰發生在大業十三年（西元六一七年）九月，王世充領兵十萬征討李密。

王世充在洛口西紮下大營，戰鬥也首先在洛口西打響，王世充初戰失利，分兵駐紮洛口北並登山遠眺洛口城。李密發現後祕密帶領部隊渡過洛水，準備擒拿王世充。但李密的軍隊以騎兵為主，使用的又是長槊，而王世充以步兵為主，使用的是短兵器，結果在地形狹促的山地，李密的部隊無法展開攻擊，遂退還洛口南。隨後，李密趁著王世充此時身處洛口北，後方空虛，率軍突擊王世充在洛口西的大營。

由於事起倉促，王世充只能回師洛口西守衛大營。之後，雙方隔著洛水對峙，大大小小的戰鬥進行了六十多次。

此次的洛口之戰一直持續到年底，最終以王世充大敗，西逃洛陽結束。

第二次洛口之戰發生在武德元年初。不甘心失敗的王世充捲土重來，再次進駐洛口北，並在洛水上架設浮橋渡河，大舉進攻李密。正巧當晚下大雪，李密派出精銳士兵趁王世充剛剛渡河立足未穩，突然展開攻擊，殺了王世充一個措手不及。王世充軍大敗，士兵爭著搶渡浮橋，造成擁塞，掉到洛水裡淹死、凍死的不計其數，劉長恭等六員大將陣亡，唯獨王世充孤身一人逃回了東都洛陽。

李密乘勢追擊西進，攻占偃師，並在此修建金墉城駐紮，此時李密的兵力達到三十萬之眾。隨後李密率軍進攻洛陽，在上春門擊拿隋東都留守韋津，隋朝的將作大匠宇文愷、河陽都尉獨孤武都等紛紛前來投降，竇建德、孟海公等割據群豪也紛紛共推李密為天下盟主，李密的屬下也勸李密自立稱帝，但李密以東都未定拒絕了。

第二次洛口之戰及隨後的兵臨洛陽是李密軍事生涯、政治生涯的巔峰。

## 形勢劇變

李密建城金墉，圍攻洛陽，名動天下，已經成為當世共主，甚至奉天承命，開創帝業都是可能的，但是處於鼎盛時期的瓦崗軍卻遭遇了內外部形勢的劇烈變化。

翟讓被誅。在洛口之戰期間，發生了李密誅殺翟讓及翟讓的哥哥、姪子事件，單雄信、邴元真和李勣等瓦崗舊將都因為此事受到了牽連，李勣還差點在事件當中被亂卒砍死。

李密為什麼要殺翟讓呢？歷史上的評論眾說紛紜，有說翟讓嫉賢妒能的，有說李密心狠手辣的，這裡我們就不予置評了，只將當時發生的情況列明出來，是非曲直大家心中自有評說吧！

下洛口，圍東都，各地義軍紛紛過來投效，瓦崗軍此時兵精糧足，瓦崗軍的首領已成為天下共主，很有可能在不遠的將來成為皇帝，這時翟讓的一些親友和下屬開始不甘心了。

首先是翟讓的部將王儒信勸翟讓自己當大冢宰，把讓給李密的權力奪回來，翟讓知道自己的才幹比不上李密，就沒有聽從王儒信的話。部將的話可以不聽，那親哥哥的話呢？翟讓的哥哥翟弘也跑過來勸翟讓：「兄弟，皇上可得自己當啊，怎麼能讓給別人呢，要讓也得讓給我啊！」翟讓聽後也是哈哈一笑，沒當一回事。雖然翟讓沒把這事放心上，但聽者必然會介意，李密後來聽聞了這件事，心裡很是惱火。

翟讓雖然沒有聽從部屬和親友的話，但他有一個缺點，比較貪財。有一次他跟房彥藻說：「你上次攻破汝南，得到不少金銀財寶全部交給了魏公，一點都沒分給我。你可知道魏公是我一手推立的，將來會怎麼樣還不知道呢？」我一直認為這句話不應該是翟讓說的，想貪財有很多方法和途徑，沒必要貪到現任瓦崗首領身上，更沒必要對李密的心腹房彥藻說。房彥藻將此事報告了李密，並對李密進言道：「翟讓剛愎貪婪，有無君之心，應該早點處理掉他，免得將來釀成大禍。」

經過這一系列的事情後，李密終於動了殺心。

大業十三年（西元六一七年）十一月，李密邀請翟讓及其兄長翟弘、姪子翟摩侯一起喝酒。在開席之前，李密拿出一張寶弓給翟讓看，翟讓剛把弓拉滿，李密的心腹將領就從身後一刀將翟讓砍死，翟讓其他的隨從也是措手不及，翟弘、翟摩侯、王儒信都被殺死。李勣想跑，結果被守門的士兵砍傷脖子，幸虧被王伯當及時制止才保住一條性命。單雄信跪地磕頭求饒也逃過了此劫。後來李密派李勣、單雄信、王伯當去安撫翟讓的舊部，才稍稍平息了此次事變。

接受招安，征剿宇文化及。武德元年（西元六一八年）三月，隋煬帝楊廣在江都被宇文化及所弒；五月，王世充、段達、元文都、盧楚等在洛陽擁立越王楊侗為帝，史稱皇泰主；六月，宇文化及由江都率領十萬大軍北上，想返回關中。

面對外部情勢的劇變，身處中原，身處漩渦中心的李密放棄圍攻洛陽，接受皇泰主楊侗的招安，率軍攻打宇文化及。這真是一件讓所有人匪夷所思的事情，之前還和楊侗打得你死我活，現在突然就和好了！

來看看到底發生了什麼。宇文化及率領江都兵北上，皇泰主楊侗和元文都、盧楚等人商議出一條借刀殺人、兩敗俱傷的妙計，就是赦免李密的罪過，並徵招他去攻打宇文化及。

楊侗的設想是，如果宇文化及被李密打敗，他的祖父隋煬帝楊廣的大仇也就得報了，到時候再用高官厚祿離間李密將士，則可生擒李密，消滅瓦崗軍。而且楊侗他們除了想借刀殺人，坐觀鷸蚌相爭之外，還想透過招降李密來平衡王世充的勢力，因為王世充掌握著東都兵馬，而且開始有擅權作亂的苗頭。

楊侗命人攜帶詔書赴李密大營進行招降。接到楊侗的詔書，李密是什麼表現呢？「大喜，遂上表乞降，請討滅化及以贖罪。」李密不但愉快地接受了楊侗的招安，而且主動要求進攻宇文化及。

看到幾乎將自己逼上絕路的李密投降了，楊侗自然十分開心，他派出使者冊封李密為太尉、魏國公，讓他帶兵征討宇文化及，剿滅宇文化及後入朝東都輔理國政。應詔的李密率領他全部精銳士兵東向，血戰宇文化及。

李密征剿宇文化及的戰況是否順利呢？答案是否定的。

李密和宇文化及在童山腳下展開大戰，戰況慘烈，李密不但損兵折將，左右奔散，而且自己也被流矢射中，摔下馬昏死過去。這個時候宇文化及的追兵也趕來了，而李密的身邊只剩下秦叔寶一個人在保護他。多虧了秦叔寶勇武過人殺退了追兵，李密才逃過一劫。而李密和宇文化及相鬥的最後結果也是以李密慘勝，損兵折將，元氣大傷收場。

慘勝宇文化及的李密有沒有可能進入東都入朝輔政呢？答案同樣是否定的。

職掌東都兵權，與李密激戰無數、矛盾不可調和的王世充肯定不會給李密這個機會，從而給自己帶來不可預估的威脅。王世充鼓惑軍中眾將誅殺了主張招降李密的元文都、盧楚等人，掌控了皇泰主楊侗，大權獨攬。李密入輔東都的夢想也就徹底破滅，只好率領疲卒退保金墉城。

大家可能會十分疑惑，面對皇泰主這麼明顯的坐山觀虎鬥的伎倆，以及入輔東都這樣難以企及，近乎虛無的承諾，一向精明強幹的李密怎麼會這麼痛快地接受招安呢？按照常理來講，宇文化及是弒殺楊廣的元凶，和隋室有血海深仇，而且宇文化及所帶的兵士大部分都是關中人，他們的目標是返回關中，而要返回關中就一定會經過洛陽，李密完全可以讓出一條路，讓隋室和宇文化及兩個仇敵火拚，自己再坐收漁人之利。

可憐的李密，本來應該是蹺腿坐觀再坐享其成的那位，現在自己變成了籠中肉搏的老虎。怎麼會這樣呢？促使李密做出接受招安決定的是一件事和一個人。

一件事是宇文化及率軍攻打黎陽。本來是打算西返關中的宇文化及由於李密占據了鞏義，阻擋了他西歸的道路，於是更改行軍路線，率軍北上攻打東郡，而瓦崗軍的

「龍興之地」瓦崗寨以及李密糧草物資的大後方黎陽都位於東郡。此時駐守在黎陽的是李勣，他怕難以抵禦宇文化及，就放棄黎陽，率軍西向退保黎陽倉城。

宇文化及渡過黃河占據黎陽並將黎陽倉城團團圍住。李密不得不從洛陽分兵，親率兩萬步騎兵東進救援李勣，雖然與李勣內外夾攻大敗宇文化及，解了黎陽之圍，但此後就不得不面對東西兩線作戰的窘境。為了避免腹背受敵，兩害相權之後，李密決定接受皇泰主的招降，集中精力對付宇文化及。

一個人是皇泰主的國子祭酒徐文遠。徐文遠是個博學多才、滿腹經綸的大儒，曾經當過李密的老師，一次外出打柴的時候被李密捉住（可以看出李密當時的兵勢之盛，東都洛陽的處境有多麼嚴峻，連國子祭酒這樣的朝中重臣都需要親自出城打柴謀生），師徒二人之間有這麼一段對話。

文遠曰：「老夫既荷厚禮，敢不盡言！未審將軍之志欲為伊、霍以繼絕扶傾乎？則老夫雖遲暮，猶願盡力；若為莽、卓，乘危邀利，則無所用老夫矣！」密頓首曰：「昨奉朝命，備位上公，冀竭庸虛，匡濟國難，此密之本志也。」文遠曰：「將軍名臣之子，失塗至此，若能不遠而復，猶不失為忠義之臣。」

什麼意思呢？徐文遠勸李密效仿伊尹、霍光拯救朝廷於危難之中，不要像王莽、董卓做個亂臣賊子。身為名臣之後，迷途知返，浪子回頭，就仍然不失為忠義之臣。李密聽聞後堅定了投誠的決心，並向老師保證說：「竭盡全力，匡扶國難，才是我李密的本志。」

後來，王世充誅殺元文都、盧楚等人，把持東都朝政，李密仍然向徐文遠請教對策，徐文遠說：「世充亦門人也，其為人殘忍褊隘，即乘此勢，必有異圖，將軍前計為不諧矣。非破世充，不可入朝也。」意思是王世充也是我的弟子，為人殘忍狹隘，必生異心，李密你不能再入東都了，只有擊敗了王世充才可以入朝輔政。但關鍵問題是，王世充不可能再給兵困馬乏、元氣大傷的李密擊敗自己的機會了。

## 兵敗投唐

武德元年（西元六一八年）九月，王世充匯齊全部兵馬，趁著李密大戰宇文化及，兵困馬乏的時候，全力出擊，想一舉擊潰李密，雙方在偃師附近的邙山展開決戰。

從洛口之戰我們可以看出，王世充本不是李密的對手，不管是主帥的個人能力，還是謀臣武將的策略及作戰水準，李密都是占據著優勢的。王世充之所以敢傾巢而出，就是抓住李密最近大戰，元氣大傷這個良機。

面對這樣一次決定生死命運的關鍵戰役，面對來勢洶洶，全軍出擊，不給自己任何喘息機會的王世充，李密將如何應對呢？很不幸，之前連戰連捷，打得王世充狼狽不堪的李密卻一連犯下四次致命的錯誤，不但導致邙山之戰的慘敗，也最終導致自己的徹底失敗。

第一，抉擇之誤。面對傾巢而出的王世充，此時兵困馬乏、士氣不振的李密有三種策略選擇：一是「奇攻」，不與王世充正面交戰，出其不意進攻東都，迫使王世充回軍救援；二是「堅守」，同樣是不與王世充正面交戰，避其鋒芒，以邙山為屏障，依託偃師堅城固守，爭取時間休整軍隊，並消磨王世充的銳氣，等待戰機；三是「決戰」，與王世充正面作戰，決一勝負。

面對這三種策略選擇，李密會做出何種決斷呢？我們先來看看這三種策略思想的提供者及其作戰部署。

「奇攻」的代表人物是裴仁基。裴仁基認為王世充舉全部兵馬前來，東都洛陽必定空虛，我們可以分兵固守要衝，阻滯王世充，再挑選精兵突襲洛陽。王世充回軍救援，我們就按兵不動；王世充要是再次帶兵來攻，我們就再次突襲洛陽，這樣，疲於奔命的王世充必定為我們所破。

「堅守」的代表人物是魏徵和李密自己。魏徵認為我軍現在有兩難，一是兵馬損失大，二是軍隊士氣低，此時不宜出戰，應該固守，等待王世充糧盡自退再追而擊之。李密自己也說過：「蓄力固守，以待時機才是斬陣破敵之道。」

「決戰」的代表人物是單雄信、陳智略等。他們認為敵弱我強，而且我方兵力超過王世充不止一倍，新附的江淮之兵也盼著一展身手，趁著這股銳氣可以一戰而勝。

很明顯，根據當前的情形判斷，王世充兵精卒健、士氣方盛，但因洛陽周邊的糧倉都被李密占據，所以糧草供給是個大問題。李密則是兵將疲憊、士氣低落，但是占據著回洛、洛口、黎陽這三大糧倉，糧秣充足。以疲憊之兵對精銳之師，決戰肯定是下下策，而仰仗糧草充沛，堅壁清野等待王世充糧草耗盡，在他自行退兵的時候再趁勢掩殺才是上策。當然，最好的選擇應該是裴仁基的「奇攻」，因為不是被動地固守，而且寓守於攻，主動出擊，攻敵之必救。

但可惜的是，李密選擇了「正面作戰」這個下下策，決定與王世充展開決戰。其實，李密這個選擇與其說是軍事上的決定，倒不如說是政治上的選邊站。裴仁基是歸降的隋朝將領代表，這部分人還包括秦叔寶、程知節等，這些人不管是軍事素養，還是個人修為都比較高，但人數太少，話語權不夠。魏徵是文臣謀士的代表，這部分人不掌握軍隊，話語權較弱。單雄信、陳智略等則代表了瓦崗舊將以及新歸附的江淮將領，陳智略是跟隨宇文化及由江都北上，後被李密擊敗而歸降的江淮新附之士的代表；這兩部分人人數最多，瓦崗舊將根基最牢固，江淮新附之士則最活躍，渴望快速建立新功，故此這兩部分人在瓦崗軍中的話語權也最大。

面對瓦崗軍內部各派勢力，李密最終妥協了，違背自己的本心，選擇了瓦崗舊部和新歸附之士。裴仁基在李密做出與王世充決戰的選擇後，曾經長嘆道：「公後必悔之。」不過世上已經沒有後悔藥給李密吃了。

第二，作戰之誤。既然決定打，那就要認真地準備，李密是如何準備這場事關生死的戰鬥的呢？「密新破宇文化及，有輕世充之心，不設壁壘。」李密根本就沒有認真準備這場關鍵戰役，而且因為剛剛打敗了宇文化及，還很輕視王世充，在自己的大營外面連防禦的圍牆和柵欄都不設。真不知李密當時是怎麼想的。

我們再來看看王世充是如何準備的。王世充做了充分的戰前準備：

一是鼓動士氣。王世充對將士們說：「今日之戰，非直爭勝負；死生之分，在此一舉。若其捷也，富貴固所不論；若其不捷，必無一人獲免。所爭者死，非獨為國，各宜勉之！」簡直將此戰當作自己人生中的最後一戰來看待；

二是設定伏兵。王世充派遣精騎乘夜埋伏在北邙山的山谷中，以待時機；

三是略施小計。也不知王世充從哪找了一個和李密長得差不多的人，讓他完全按照李密的衣著打扮進行穿著，並偷偷地藏身於軍前陣營中。

李密一方兵疲馬乏、毫無防備，王世充一方卻士氣高昂、充分準備，這樣勝敗也就毫無懸念了。

當雙方在戰場展開激烈廝殺的時候，王世充將那個和李密長得很像的人捆到陣前，並大聲高叫「已抓獲李密了」。不明就裡的瓦崗軍一看主帥都被抓住了，軍心大亂，迅速潰敗。王世充預先埋伏在山谷裡的奇兵也迅速突擊李密大營，而沒有任何防禦工事的大營根本就難以抵抗衝擊，李密只好帶著殘兵敗退洛口。

王世充乘夜包圍並攻克偃師城，俘獲裴仁基、秦叔寶、程知節等將領。邙山之戰以王世充大獲全勝，李密慘敗而告終。

第三，用人之誤。最主要的失誤是錯用了邴元真和單雄信這些瓦崗軍的「元老」、翟讓的舊部。

邴元真以前做過縣吏，因為貪贓枉法被官府捉拿，就跟著翟讓一起上了瓦崗山，後來翟讓將他推薦給李密當長史。但邴元真這個人性情貪婪，為人粗鄙，有人曾經勸李密殺掉邴元真，但李密因為邴元真是翟讓舊部而沒有同意。

單雄信前面介紹過，他是翟讓的同鄉、心腹，也是瓦崗的元老舊將，作戰勇猛、武藝高強，但為人輕率好反。房彥藻曾經勸李密除掉單雄信，李密也沒有同意。

邙山之戰時，邴元真留守洛口倉，他看到李密兵敗，逃返洛口，便獻出洛口投降了王世充，並引王世充軍渡過洛水攻擊李密。單雄信擁軍觀望，沒過多久也投降了王世充。

李密看到局勢難以挽回，就輕騎渡過黃河退至王伯當駐守的河陽。

第四，識人之誤。此時的李密雖然戰敗了，但實力尚存，仍有兩萬多士兵，而且除了王伯當駐守的河陽，尚有李勣駐守的黎陽、滑縣等地，屯駐的部隊及糧草足夠他拒敵自保，甚至東山再起。

李密本可以投奔黎陽，休養生息，再另做打算，但戰敗的李密此時已是英雄氣短、銳氣全消，又害怕李勣因翟讓被殺事件記仇不會接納他，最終選擇西奔關中歸附李淵。

後來發生的事情證明李密真的是錯看了李勣，雖然他也是翟讓舊部，但他和邴元真、單雄信這些人不一樣，李勣是一個忠義之士。

李密歸唐後，李勣就接管了他留下的全部屬地，當時王世充、竇建德、李淵等都想招降他，李勣因為李密的原因，最終選擇了投降李淵。而且李勣沒有邀功，而是將所有的州縣、軍民戶口登記造冊交給李密，讓李密自己獻給朝廷。李淵聽說這件事後大為感動，認為李勣是「純臣也」。

## 三　命殞熊耳山

李密投唐，在當時來說應該是他最好的選擇。李密和李淵都屬於關隴集團成員，李淵的祖父李虎和李密的曾祖父李弼還同為西魏八柱國，是關隴集團的核心成員，從身分背景上來講，李密和李淵具有天然的認受性，而且李密也是這麼認為的。

李密快要到長安的時候，李淵派出使者用隆重的禮節來迎接李密。李密看到後非常高興，就對他的左右隨從說：「我擁眾百萬，一朝解甲歸唐，山東連城數百，知我在此，遣使招之，亦當盡至；比於竇融，功亦不細，豈不以一臺司見處乎！」

什麼意思呢？就是我曾經坐擁百萬雄兵，現在解甲歸附唐朝，中原地區的數百城池知道我在長安，肯定會盡數歸附，我的功勞比起竇融（東漢時期名臣，漢光武帝劉秀建立東漢後，竇融歸漢，位極人臣）來都不算小了，李淵肯定會以高官厚祿來封賞我的。

只是，身為一名剛剛投降的將領，真不知道李密是自信呢還是自負。李密還在沾沾自喜、顧盼自得的時候，李淵這方面的態度又如何呢？

只能說李密「理想很豐滿，現實很骨幹」。雖然李淵本人對李密很不錯，以弟稱呼李密，並將舅舅的女兒獨孤氏嫁給了他；但是李淵手下的大臣們對這位新附的「魏公」，曾經的「天下盟主」可不怎麼好。

李密來到長安後，負責接待的部門對李密等人的供給十分差。差到什麼程度呢？李密手下的士兵好幾天都沒有飯吃。對李密本人，也不怎麼客氣，時常輕視、奚落李密，甚至有些掌權的大臣還向李密索取賄賂。

之後不久，李淵任命李密為光祿卿、上柱國，賜爵邢國公。以勳位來說還是很高的，但是都是虛職，不掌握實際權力。這就讓心高氣傲的李密難以忍受了。那李密的心理預期到底是什麼呢？李密後來曾對舊部賈閏甫說過：「唐使吾與絳、灌同列，何以堪之！」就是李淵讓我與絳侯周勃、灌嬰一樣不能割地封王，我怎麼能夠忍受呢！原來李密的期望是割地封王，但這可能嗎？

我們來參照一下之後沒多久同樣投附李淵，被封為異姓王的燕王羅藝和楚王杜伏威。其時，羅藝和杜伏威雖然投靠了李淵，但他們分別占據著幽州和江南，兵勢熾盛，雄霸一方。而李密現在只是一個既無兵馬，又無實地，狼狽前來投奔的敗軍之將，夢想著封王確實有點不切實際。

未達到自己心理預期的李密整日悶悶不樂，而這個時候中原的情形也發生了變化。

有一天，和李密一同歸降唐朝的王伯當告訴李密，現在黃河以南地區，除了黎陽和羅口，其他的地方基本上都選擇了歸附王世充。李密聽到此事後覺得機會來了，於是向李淵表示希望帶兵撫慰中原。他認為憑著過去自己的名望以及朝廷的威望，一定能夠招降舊部，並擊敗王世充克定中原。

十一月，李淵派遣李密撫慰中原。當時的群臣絕大多數是反對的，他們認為李密是一代梟雄，如果放他出關，就相當於放虎歸山，必定一去不歸。但是李淵選擇了相信李密，不但放李密出關，而且讓賈閏甫、王伯當一同隨行。

李淵選擇相信李密，那李密又有沒有反叛之心呢？不好說，至少這個時候看不出來，但是隨後發生的一件事情卻將李密和李淵之間的信任關係徹底打破。

十二月，王世充圍攻穀州，被穀州刺史任瓌擊退。李淵認為這個時候讓李密率領大隊人馬途經王世充的領地去山東招降舊部，很難達到預期效果，就想將李密召回長安；但因為之前有言在先，承諾讓李密出關，天子金口銀牙不好收回之前的承諾。李淵於是想出一個折衷的辦法，讓李密將手下的人馬分一半留在華州，率領另一半繼續出關。

要說這樣安排李密也可以接受的，他此行的目的主要是招撫，不是征討，兵馬多點少點關係都不太大，但壞就壞在他的行軍長史張寶德身上。

張寶德也在隨李密繼續出行的人員當中，但他害怕李密會中途逃亡，那樣的話，自己身為行軍長史肯定要背負不可推卸的責任。於是，張寶德就上了一封密報說李密必叛。接到張寶德的密報後，李淵就完全改變了主意，他下詔讓李密留下部隊緩慢前進，自己一個人單騎返回長安，另外接受安排。

這道詔書一下，李密和李淵之間的信任關係就徹底沒了。在李密出潼關，走到稠桑（今河南省靈寶市西北）時，接到了李淵讓他返回長安的詔書。

面對這種情形，李密只有兩種選擇：一是受詔單騎返回長安，接受李淵的再安排；二是叛唐，率領自己的部隊重返中原。李密最終選擇了叛唐，因為他認為李淵這次將他召回一定會殺了他，既然是必死，那還不如拚死一搏，說不定可以東山再起。

李密下定了叛唐的決心，但李密的兩名心腹將領賈閏甫和王伯當都不同意，認為這是自取滅亡，有死無生。賈閏甫更是苦苦哀勸，以死相爭，惹得李密想當場斬了他，多虧王伯當及時勸止，才饒過了賈閏甫。王伯當一看實在無法勸說李密，只好捨身侍主，陪著李密一起走上這條不歸路。

要說李密如果受詔返回長安，就一定會被李淵處死嗎？其實未必。從種種跡象來看，李淵並沒有要殺李密的念頭。那時天下情勢還很混亂，特別是中原地區，而李密在這一地區仍然有很高的威望，他的舊將黎陽的李勣和伊州（今河南汝州）的張善相等雖然投降了唐朝，但誰又能保證殺了李密後他們不會產生異心呢？

可是，在隋煬帝眼中「顧盼不常」，魏徵筆下「光生道路」，一心夢想割據稱王、成就一番大業的李密毅然決然地叛變了。

李密殺了李淵派來的使者，占領桃林縣，劫持了縣裡的百姓和糧草。為了迷惑熊州方面唐朝守軍，李密對外放出風聲說要繼續東行，投靠黎陽的李勣，而真正的目標是南下，投奔伊州刺史張善相。

李密自認為這招聲東擊西的妙計安排得天衣無縫，等到熊州的守軍反應過來，他已經跳出唐軍的包圍身處伊州了。但他哪裡知道，熊州的行軍總管盛彥師早就識破了他的意圖。

盛彥師率精兵南下，翻越熊耳山，在李密南赴伊州的必經之地熊耳山南埋伏下精兵等著他。

李密這邊還在為自己過人的計謀而沾沾自喜，他認為沒有人能猜到自己真正的意圖，而一旦翻過熊耳山後，也就遠離了唐朝重兵把守的領地，他也就如龍入海了。

武德二年（西元六一九年）一月，未做任何準備的李密翻越熊耳山，從山南出山，眼前似乎一片開闊，就在得意之時，沒想到卻一頭栽進了盛彥師布置好的陷阱當中。

道路兩邊萬箭齊發，數千精兵迅速衝擊，面對這突然降臨的厄運，李密和他的軍隊徹底崩潰了。李密被當場誅殺，時年三十七歲。一代英豪就這樣結束了短暫、精彩而又跌宕起伏的一生。

從大業十二年（西元六一六年）十月投奔瓦崗軍，到武德二年（西元六一九年）一月熊耳山被伏殺，短短三年時間，是李密一生中最精彩紛呈的時段，在隋末唐初風雲際會之時，留下濃墨重彩的一筆。

李密為什麼會失敗呢？我覺得最主要的原因是策略目標不明確，而由於策略目標不明確，又無法下定堅定的策略決心，導致在兩個關鍵策略時間節點上，先是貽誤關鍵的策略機遇期，後又做出致命的、錯誤的策略選擇，最終失之千里。

貽誤關鍵策略機遇期。我們先來看看李密是如何因為策略目標不明確，導致貽誤關鍵的策略機遇期的。大業十三年（西元六一七年），這一年是瓦崗軍兵威最盛、兵力最雄厚，也是李密個人威望最高的時期。但就在這種兵精糧足、士氣旺盛，看起來可號令天下而不可阻擋的有利條件下，李密卻在洛陽和洛口等方寸之地和洛陽隋室展開了激烈的拉鋸戰、消耗戰，糾結於洛陽這一地的得失，忘記了對策略目標和作戰方略進行清晰的規劃。李密一度非常糾結於京城長安、東都洛陽和江都揚州這三個策略方向，舉棋不定、猶豫不決。更要命的是，因為這種混亂、這種猶豫，使他錯失了兩次關鍵的策略機遇期。

第一次策略機遇期是在大業十三年（西元六一七年）四月，李密占領回洛倉，猛攻東都洛陽。但作為當時隋廷的行政、經濟和軍事中心，東都洛陽經過楊廣長期的經營建造，城防堅固，並駐有重兵守衛，李密短時間難以攻克。柴孝和就建議李密西取關中，業固兵強，然後東向傳檄而定天下。這不就是李密當時為楊玄感定的中策嘛！而且柴孝和不但確定了明確的策略目標，還擬定了清晰的作戰方略「西襲長安，鞏固關中，然後東向經略中原，克定天下」。

除了明確的策略目標和作戰方略，柴孝和甚至還制定了具體的作戰計畫，留下翟讓守衛洛口都城，裴仁基守衛回洛倉並看守東都之兵，李密親自帶領精銳之師襲取關中。

但可惜的是，李密思慮再三、猶豫再三，最終沒有採納柴孝和的建議。他認為手下的將士都是中原人，沒有攻克洛陽，他們不肯隨他西進關中；瓦崗軍內派系林立，既有翟讓、單雄信這些老瓦崗，也有裴仁基、秦叔寶這些新歸附的隋將，李密怕他一走，群龍無首的瓦崗軍就內部瓦解了。

雖然沒有採納柴孝和的建議，但這不代表李密對長安、對關中沒有想法。權衡之下，他派遣柴孝和率領一支小分隊西行關中，進行探路。誰知道藉助瓦崗軍的威名，這支小分隊很快發展成一萬多人的大部隊。按照這個發展速度，可能都不需要李密出馬，柴孝和的這支部隊都有可能進據關中，甚至克定長安。

但是這個時候意外發生了。五月，李密在猛攻洛陽的時候被流矢射中，身負重傷的李密無法抵擋隋軍的進攻，只好退回洛口。而柴孝和的部隊聽說李密敗了也作鳥獸散，只剩下柴孝和輕騎返回洛口，李密「西襲關中」的策略時機也就隨著柴孝和的敗返而錯失了。

七月，李淵晉陽起兵，並於十一月順利襲取關中，克定長安，李密西取關中的策略機遇期也就徹底關上了大門，而李密自己也被困在了四戰之地的洛陽。

第二次策略機遇期又是什麼呢？從前文我們知道，在楊玄感起兵的時候，李密為楊玄感定的上策是襲取幽州，捉拿此時身處遼東的楊廣，再檄定天下。而李密的第二次策略機遇期就是襲取江都，捉拿「避難」於此的楊廣。

為李密確定這個策略目標的人是一個在泰山修行、名叫徐洪客的道士。他寫了一封信給李密，信中一針見血地指出，李密雖然此時占據洛口、黎陽等大糧倉，糧秣充足，但在洛陽這個四戰之地繼續損耗，糧草總有一天會耗盡。而長期、高強度的惡戰也容易導致士卒疲乏、厭戰避戰，現在應該趁著士馬之銳，沿著大運河直下江都，捉拿楊廣再檄定天下。

多好的策略設想啊！此時的江都雖然掌控在楊廣手中，但其周邊已經是盜匪橫行，而且這些盜匪都還沒有形成氣候，都是小打小鬧性質的流寇。江淮當地的勁卒也被王世充帶離江都，赴援東都洛陽，此時留在楊廣身邊的都是來自關中地區的士兵，由於思鄉心切，戰鬥力大打折扣。

李密如果能夠採納徐洪客的建議，留下部分兵馬看守東都，自己率領精銳直取江都，應該是有很大可能完成「執取獨夫，號令天下」這一策略設想的。

李密回了一封信給徐洪客，想讓他出山輔佐，並詳細討論下一步的作戰計畫。但李密沒能收到徐洪客的回覆，派人去找也沒能找到，徐洪客就好像人間蒸發了一樣，只留下李密一個人悵然若失。

缺少了策略設想人，也就缺少了推動者。李密猶豫再三、思索再三後，仍然認為底下的將士多是中原人士，同樣不會想和他去江都，於是放棄了這條相當於當時他親自為楊玄感擬定的上策。

真不明白身為參謀軍師和領袖主帥的李密，前後為什麼反差會這麼大。難道真是不當家不知柴米貴，抑或是李密真的只適合當一名謀士而不適合做一名領袖？

錯過了這兩次策略機遇期之後，李密被套牢在中原戰場，再也不能發展、壯大自己的地盤和策略實力，反而隨著戰鬥的持續和深入，李密的實力被逐漸消耗，軍隊士氣也被逐漸消磨。

做出錯誤的策略選擇。這個錯誤的策略選擇指的就是李密接受皇泰主楊侗的冊封，率軍征討宇文化及。同樣的，這個錯誤的策略選擇仍然與李密的策略目標不明確有很大關係。

此時的李密在兩個策略目標上搖擺、猶豫，一個是繼續高舉義旗、反隋自立；另一個是效法霍光、伊尹，扶立幼主、廓清天下，而後位極人臣。

也許是經年的征戰惡鬥，人不解甲、馬不卸鞍，讓李密身心俱疲了，在雙線作戰的壓力下，在徐文遠的勸說下，李密選擇了投效皇泰主楊侗，並夢想著入主東都輔政。但此時的他轉向還來得及嗎？東都的各派勢力、各方野心家還容得下他嗎？答案當然是否定的。

最後，我們再來了解一下李密這個人。李密是個怎麼樣的人呢？

李密是個君子。李密失敗歸唐後，徐文遠又回到了東都。身為李密和王世充曾經的老師，徐文遠最有發言權。當時在洛陽郊外，李密捉住了徐文遠，行學生之禮侍奉，對徐文遠恭恭敬敬；而回到東都的徐文遠，則對王世充畢恭畢敬，每次見到都要跪拜。其他人就問徐文遠：「君倨見李密而敬王公，何也？」

為什麼對李密這麼傲慢，而對王世充這麼卑恭？徐文遠的回答是：「魏公，君子也，能容賢士；王公，小人也，能殺故人，吾何敢不拜！」意思就是李密是個寬容大度的君子。

李密也是個英雄，一個實實在在、反抗隋朝暴政、縱馬中原、胸懷天下的瓦崗英雄。但時勢沒有造就、機遇沒有青睞這個既是英雄又是君子，且同樣是關隴集團核心成員的李密。

李密失敗後，李淵獲得了中原地區大部，包括今河南、山東、安徽等部分區域，為唐王朝實現前出關中、經略中原的策略目標，打下堅實的策略基礎。

## 第九章　鄭國皇帝王世充

王世充，本姓支，是來自西域的胡人。他的祖父叫支頹耨，由於做生意遷居到新豐（今陝西西安一帶）。來到新豐沒多久，支頹耨就死了，留下一個兒子叫支收，支頹耨的老婆就帶著支收改嫁給霸城人王粲，就這樣支收跟著王粲改姓王。

王收在隋朝的時候，歷任懷州、汴州長史，官做得還不算小，王世充就出生於這樣的官宦之家。

史書記載王世充「豺聲卷髮、忌刻深阻」，從小愛讀書，尤其喜愛兵法，而且精通推卜算卦，因為是官宦子弟，年紀輕輕就獲封左翊衛，後來遷任兵部員外郎。隋文帝開皇末年，王世充隨軍北伐突厥，被封為幽州長史，隋大業初又被提拔為民部侍郎。

王世充還有種天生才能，就是口才極好，能言善辯，時人與之爭辯就算知道他是錯的，也說不過他。生逢亂世，「喜兵書、通龜策、善辯駁」的官宦子弟王世充，確實可以大展一番拳腳。

縱觀王世充的一生，可概括為四個階段。

第一階段是隋大業末期至大業十三年（西元六一七年）七月，這段時間，身處江都揚州的王世充，讒媚、侍奉楊廣，地位、官職不斷攀升。同時率軍征討江淮地區各路義軍，逐步累積個人名望和實力，是楊廣親近、欣賞的「將帥之才」。

第二階段是隋大業十三年（西元六一七年）七月至唐高祖武德元年（西元六一八年）五月，身處東都洛陽的王世充，輔佐皇泰主楊侗抗擊李密，雖然敗多勝少，但仍然抵禦住了李密的進攻，確保洛陽不被攻占。楊廣江都被弒後，王世充與元文都、盧楚、段達等七位大臣在洛陽共同擁立越王楊侗稱帝。

第三階段是武德元年（西元六一八年）五月至武德二年（西元六一九年）六月，王世充擊潰李密，實際掌控東都洛陽，並逐漸擅權弄國、排除異己，最終廢黜弒殺楊侗，僭位稱帝，建立鄭國，達到了個人生涯的巔峰。

第四階段是武德二年（西元六一九年）六月至武德四年（西元六二一年）五月，稱帝後的王世充毫無作為，朝綱混亂，將帥逃亡，隨著李世民親率大軍東征洛陽，王世充快速潰敗，最終兵敗身死。

## 一　將帥之才

大業年間，王世充出任江都贊治，後又改任江都郡丞，雖然是協助江都郡守工作，但掌握著兵馬指揮權。

楊廣喜歡到處巡遊，去得最多的地方就是江都揚州。大業十二年（西元六一六年），楊廣第三次南巡江都後，由於天下大亂，則直接待在江都避難，再也沒有返回過洛陽和長安，最後也是死於江都。

可以看出，江都在楊廣心目中有多麼的重要。楊廣在這裡平滅南陳、完成隋朝一統，還在當晉王未被封太子之時，長期在此擔任揚州總管。在楊廣爭奪太子位的時候，揚州也是他最主要的支持力量和根據地，而且揚州還是當時最繁華富庶、酒綠燈紅之地，「腰纏十萬貫，騎鶴下揚州」，說的就是不管你多有錢，還是要到揚州來消費娛樂。

王世充能被封到江都，也可以看出楊廣對他十分地信任，當然這種信任很大原因是因為王世充善於察言觀色、揣摩上意，又巧舌如簧。

每次楊廣巡幸江都的時候，他就思索著如何曲意迎合楊廣。看到楊廣好大喜功，喜歡奇珍異寶，他就命人偷偷製作各種玉石珍玩獻給楊廣，並謊稱是遠方番邦進貢的禮品；看到楊廣喜歡美女，王世充就上奏說江淮的女子都自願進宮，並到民間到處蒐羅美女。

就這樣，王世充把楊廣侍候得舒舒服服，楊廣也愈發信任他。沒過多久，楊廣就把王世充提拔為江都通守兼知宮監事。

大家可別小看宮監這個官，它相當於皇帝宮殿的私人管家，必須是心腹之人才可以擔任。當然，王世充也不完全是靠著溜鬚拍馬來獲得升遷的，他還真會打仗。

大業九年（西元六一三年），餘杭的劉元進占據吳郡（今江蘇蘇州）自稱天子。楊廣數次遣將討伐都未能攻克，而王世充靠著新募集的數萬江淮新兵頻頻擊敗劉元進，用了不到一個月的時間就平定了此次叛亂。之後，這批江淮兵也成為王世充起家的資本。

大業十年（西元六一四年），山東義軍首領孟讓率領大軍南下，進逼盱眙，王世充又率領部隊進行抵禦。王世充在都梁山設定大營，並立起五道營柵，擺出一副死守不出、畏懼不前的樣子。看到王世充這副熊樣，孟讓非常輕視，恥笑他只是個大內管家，根本不會帶兵打仗。王世充聽說後不但不生氣，反而更加堅守不戰，並且還將當地的老百姓也遷入營柵。

王世充也並非一味龜縮拒戰，他每天派出小股部隊進行騷擾，但絕不力戰，稍一接觸就立即回營。這樣反反覆覆地把孟讓折騰得兵困馬乏，而且時間一長孟讓的軍糧接濟不上了。孟讓只好留下部分兵力繼續圍困王世充的大營，自己帶著主力繞道南下。王世充看到孟讓分兵了，軍士也疲乏了，就突然攻出營柵，大破孟讓。

這一仗也確實展現出王世充在作戰方面的過人之處，連楊廣都認為他「有將帥略」，並對他給予充分信任，委以他更多的招討之職。王世充不辱使命，接著夷平格謙餘黨，擊敗南陽盧明月，表現得極為忠勇。

但是，藏在忠勇外表後面的卻是一個極具個人野心的王世充，他利用楊廣的信任，廣施恩義、收買人心，不斷提升個人威望，積聚個人實力，以待時機，因為他也看出隋室江山不長久了。不久之後，王世充就等到了這個施展抱負的機會。

## 二　洛陽是我的

又會玩、又知兵、又懂侍君的王世充，怎麼會不讓楊廣喜歡，不委以重任呢？

大業十三年（西元六一七年）四月，李密攻占回洛倉，猛攻東都洛陽，楊侗方面的救急文書雪片般飛往江都。

七月，楊廣調集江淮、河南、河北等地的精兵強將組成援洛大軍，一同赴東都討伐李密。後來又怕這些將領對付不了士氣正盛、兵強馬壯的李密，就又加了一道保險，派出左御衛大將軍薛世雄率領三萬燕地精兵，同時開赴東都。

也是造化弄人，本來負責這次援救洛陽軍事行動的總指揮是薛世雄，一個在北周和隋文帝時期就赫赫威名、戰功卓著的大將。他所率領的燕地精兵也是戍守北疆、征伐遼東、威震突厥的勁卒猛士。但就是這樣一支精銳之師，卻在趕赴洛陽途中，在河北被竇建德意外擊潰，幾乎全軍覆沒，只剩下薛世雄帶領十幾名親衛敗返燕地。

薛世雄敗走後，備受楊廣信任的王世充繼任援洛大軍總指揮，取得了東都洛陽的兵馬指揮大權。可是在楊廣眼裡「有將帥略」，在江都「所向輒定」的王世充，卻在洛陽吃了癟。

面對李密這樣真正的將帥之才，面對裴仁基、裴行儼、秦叔寶、程知節、羅士信等勇悍猛將，王世充根本不是對手，兩次洛口之戰被李密打得落荒而逃，只能收拾殘兵敗將駐紮在洛陽旁邊的含嘉倉苦苦支撐。

王世充運氣還真的好，碰上宇文化及弒殺楊廣後率軍西歸，引發了中原地區的大混亂。王世充藉著這個機會，一步步地清除異己，擊潰李密，挾持皇泰主，取得了東都洛陽的實際掌控權。

清除異己，掌控皇泰主楊侗。武德元年（西元六一八年）五月，王世充、元文都、盧楚、段達等七位大臣在東都洛陽共同擁立越王楊侗稱帝，是為皇泰主，而這七人當中尤以王世充權勢最盛。

王世充因擁立之功，兼職掌東都兵權，率軍抗擊李密，被封為吏部尚書、鄭國公。由於手握兵權，又看到天下大亂，各路諸侯紛紛割據稱王，自立稱帝，王世充漸漸有了不臣之心，平時對楊侗也就不怎麼尊重了，面對其他大臣也是飛揚跋扈、頤指氣使，楊侗和其他擁立大臣都對此深為不滿。

後來，宇文化及帶著十萬大軍北上，聲稱要西歸長安。楊侗和元文都、盧楚等謀劃招降李密，讓他帶兵前去征討宇文化及，之後入輔東都以平衡王世充的勢力，王世充知道後大為不滿。

沒過多久，雙方的矛盾徹底爆發。皇泰主楊侗想封元文都為御史大夫，身為吏部尚書的王世充說什麼也不同意。極為不滿的元文都就和盧楚謀劃，想乘王世充上朝的時候誅殺他，但同謀的段達因為畏懼王世充的威權，怕失敗後丟了身家性命，就跑去向王世充告密。

結果當晚，王世充就帶兵夜闖皇宮，執殺了元文都和盧楚等人，並派自己的心腹將領替換掉所有的宮城守衛，將皇泰主楊侗牢牢控制起來。

乘虛而入，擊潰李密。雖然清除了異己，掌控了皇泰主，但李密仍然駐屯在金墉城，仍然是洛陽的最主要威脅，王世充要全面控制洛陽就一定要擊敗李密。

武德元年（西元六一八年）九月，王世充傾巢而出和李密展開了邙山大戰。李密由於剛剛經歷了和宇文化及的惡戰，兵困馬乏，且對王世充過於輕視，未做充分的作戰準備，結果一戰而潰。

王世充擊敗李密，接著收降了裴仁基、秦叔寶、羅士信、單雄信等勇將，個人威望和實力達至巔峰，並完全掌控了東都洛陽，皇泰主楊侗則成為他手中的傀儡，此時的王世充可以大聲宣告「洛陽是我的」了。

## 三　自立稱帝，建立鄭國

王世充在掌控洛陽後沒有急於廢掉楊侗，因為他知道，皇泰主楊侗從大業九年（西元六一三年）就開始留守東都洛陽，身邊仍有一班忠於他的文武大臣，如果這個時候強行廢黜，很容易用力過猛傷及自身。為了實現個人的野心，王世充仍然得矯裝偽飾，默默準備。

王世充都做了哪些準備呢？

一是收買人心。王世充在官署門口張貼了三張文榜，一張招攬能濟世安民的文臣，一張招攬能安邦定國的武將，一張招攬能謀善斷的司法人員。榜單釋出後每天都有幾百人過來推薦或自薦，王世充一概親自考核，並殷勤慰問款待。真是難為我們王世充了，為了收買人心、廣施恩惠也是拚了。

二是穩定君心。王世充知道這個時候穩住楊侗很重要，不但有利於籠絡文武大臣，而且可以為自己謀權篡位爭取充足的準備時間。所以一開始王世充殷勤侍奉楊侗，早請示晚彙報，並認楊侗的母親劉太后為乾媽，以表達自己「忠於隋室」的忠心。

王世充在偷偷做著準備，意識到危機的楊侗也沒有坐以待斃。有一次王世充入朝，楊侗留王世充吃飯。回去沒多久，王世充就開始嘔吐，他懷疑楊侗在食物裡下毒，至此以後王世充再也不入朝覲見了。

真的是楊侗下毒嗎？歷史上沒有明確記載，但楊侗真有可能這麼做，因為之前楊侗就和他的侍讀陸士季謀劃過擊殺王世充，因事情洩漏沒有成功，陸士季因為是楊侗從小的伴讀而僥倖保住了一條性命。但不管怎麼說，經過此次「下毒」事件後，王世充加緊部署，加快了篡權稱帝的腳步。

## 如此「禪讓」

武德二年（西元六一九年）三月，王世充偽造楊侗的詔書，封自己為相國，統管百官，又進封鄭王。做了鄭王沒多久，王世充感覺還不過癮，又迫不及待享受起天子的待遇來了，建天子旌旗，出入警蹕，就怕別人不知道他要當皇帝似的。

為了證明自己是天命所歸，王世充到處收集讖語。當時有一個叫桓法嗣的江湖術士，呈上《孔子閉房記》一書，書中畫有一個男人手持竹竿趕羊。王世充不理解畫中的意思，桓法嗣解釋說：「隋朝的皇帝姓楊，也就是羊。「竿」一「合」起來是個王字。王在羊後，預示相國要取代隋朝當皇帝。」

接著桓法嗣又拿出〈莊子人間世〉、〈德充符〉兩篇解釋說：「上篇有世字，下篇有充字，合起來是相國的名，預示您應當恩德遍布人間，順應符命當天子。」這個也滿搞笑的，找兩篇文章，硬湊兩個字，就當成順天承命的理論基礎了。

王世充非常高興，任命桓法嗣為諫議大夫。又捕捉各種鳥雀，把寫好符命的布條繫在牠們的頸上，然後放飛。凡是捕捉到這種鳥雀前來進獻的人，也都授予官職頭銜。

篡位的各種理論和物品準備完成後，王世充也沒有即行廢黜之事，他一直想讓皇泰主楊侗禪位給他，好成就當世一段「堯舜佳話」。

王世充派遣段達等人勸諫楊侗禪位，楊侗凜然說道：「如果我隋朝的氣數還沒有衰竭，禪讓這種話就不該講；如果天意要改朝換代，那也不用說什麼禪不禪讓！你們各位都是先帝的老臣，突然說出這種話，我真失望啊！」段達等人沒有不慚愧流淚的。

看到勸諫不成，王世充又改欺騙，他派人對楊侗說：「現在天下還未平定，必須有個年長的君主才震得住，等到天下安定了，一定恢復您的皇帝之位，絕不違背。」唉！這種把戲也玩得出來，當楊侗是三歲小孩子啊！猜想楊侗聽到這話後也是啞然失笑。

四月，實在按捺不住的王世充不再掩飾，直接冒充楊侗下詔禪讓，強行自立為皇帝，國號鄭。六月，王世充派姪子王仁則攜毒酒去逼迫楊侗自殺。楊侗自知難逃一死，遂服毒，並乞願下輩子不要再生在帝王之家，誰知一時半會兒竟沒有毒發，最後被王仁則縊死。「性寬仁，美姿容」的楊侗，在風雨飄搖的隋朝末年，以區區十四五歲的弱冠少年之軀，苦苦支撐隋室三年有餘，最終力有不逮，被弒失國，實在令人唏噓。

王世充終於達成個人心願，攀上人生巔峰，當上了皇帝。但他這個「天子」做得又如何呢？

## 如此不合格的「天子」

王世充在洛陽自立稱帝建立鄭國，並占據著中原大地，統率著原隋室天下兵馬，加之又收降了李密瓦崗軍的精兵猛將，照理來說實力足以抗衡李淵、竇建德等各路諸侯，在天下未定、形勢不明的情況下是大有可為的。但是做了皇帝後的王世充，他的所作所為根本不像一個合格的帝王。

一是政治上不合格。王世充這個「皇帝」來路不正，這是最大的政治不正確。很多文武大臣都不能接受楊侗被廢殺、王世充稱帝這個現實。在逼迫楊侗禪讓之前，王世充曾召集文武大臣試探，結果眾多大臣堅決反對。這說明在東都洛陽，楊侗才是大家最認可的君王，王世充的統治根基、個人威望，甚至是品格修為都遠沒有達到可以行廢立之事、僭越稱帝的地步。

眾多將領叛變投唐。武德二年（西元六一九年）二月，王世充命令秦叔寶、程知節率軍攻打穀州。身為當世的兩員猛將，王世充對秦叔寶、程知節非常器重，委以軍事重任，但是秦叔寶、程知節二人卻憎恨王世充為人狡黠多詐，於是陣前倒戈，投奔了唐營。

秦叔寶、程知節不光投降了大唐，而且還在陣前當著三軍將士的面狠狠地羞辱了王世充。

在騎馬投奔唐營的時候，秦叔寶、程知節中途下馬，轉身向王世充行禮道：「僕荷公殊禮，深思報效；公性猜忌，喜信義讒言，非僕託身之所，今不能仰事，請從此辭。」

什麼意思呢？王世充雖然您對我們倆很好，我們心裡都記下了，但您性情猜忌，喜歡聽信讒言，我們不能託身報效您了，就此別過，請勿掛念。這簡直就是當眾打王世充的耳光，猜想當時王世充都恨不得找個地縫鑽進去。尷尬的王世充甚至連追都不敢追，只能眼巴巴地看著秦叔寶、程知節揚長而去。

七月，王世充再次派遣羅士信進攻穀州，羅士信帶領他的一千多人馬同樣陣前降唐。

羅士信是在李密邙山之敗後被王世充俘獲的，要說剛開始吧，王世充對羅士信也是真沒得說，出則同車，臥則同眠，極盡結納之事。後來邴元真獻出洛口倉，投降了王世充，王世充對待邴元真就像對待羅士信一樣。

大家都知道邴元真是個阿諛好反的奸佞之人，要不是他的叛變，李密可能都不會兵敗，所以羅士信非常看不起邴元真，也對王世充親近宵小的行為非常不恥。

後來更是因為一匹馬的緣故，羅士信憤而陣前投唐。事情的經過大致是這樣的，王世充的姪子王道詢有一次看中了羅士信的戰馬，身為武將的羅士信當然不會把自己的座騎讓給他；但是偏袒自己姪子的王世充竟然將馬從羅士信手裡奪了過去，賜給了王道詢。真沒見過哪個主公會如此對待自己手下的大將。

裴仁基父子密謀誅殺王世充。五月，也就是距離王世充稱帝不到一個月，忠於楊侗的裴仁基、裴行儼父子，與其他大臣一起密謀殺死王世充及其黨羽，重新迎立楊侗；但因事起不密，被王世充發覺，最後失敗被殺。

大家可能會問，同樣的廢黜幼帝、自立繼位，為什麼李淵就不會政治不合格呢？

其實很好理解，李淵在自立稱帝的時候，他的統治集團內部是穩固的，基本上是隨同他起兵的老戰友、老部下，而且長安和關中是以李淵為代表的關隴集團的統治核心地帶，民心多附於李淵。可是王世充就不一樣了，他只是一個從江都揚州派到東都洛陽抵禦李密的外來戶，本身在洛陽地區的統治根基就不牢固，大量的文臣武將還是忠於隋室、忠於楊侗的。

二是軍事上的不合格。有「將帥略」的王世充稱帝後，在軍事作戰上的表現也不合格。先來看看武德二年（西元六一九年），也就是王世充在洛陽自立稱帝這一年，他所處的戰場環境。

洛陽的西邊有李淵，東邊則與竇建德的夏國接壤，北邊是「定楊可汗」劉武周，南邊則是蕭銑的梁國。在這四個人當中，北邊的劉武周和南邊的蕭銑志不在中原，劉武周的策略目標是關中，蕭銑的策略目標是巴蜀，所以南北這兩股勢力可以暫且不計，現在就只剩下東西兩個方向的竇建德和李淵了。王世充在軍事上的不合格也主要展現在這兩個方向上：一、西部戰場作戰能力方面的不合格；二、東部戰場作戰方向選擇方面的不合格。

首先來看看王世充是如何在西部戰場，在進攻洛陽眼皮子底下的穀州和熊州一而再，再而三地吃癟的。

武德元年（西元六一八年）十二月，王世充率領三萬人包圍穀州，唐穀州刺史任瓌抵禦並擊退了王世充；武德二年（西元六一九年）二月，王世充親率秦叔寶、程知節攻打穀州和熊州，秦叔寶、程知節等大將陣前投唐；武德二年（西元六一九年）三月，不甘心失敗的王世充捲土重來，再次進攻穀州，雖然這次擊敗了守將史萬寶，但仍然沒能攻破穀州城；武德二年（西元六一九年）七月，王世充派遣羅士信進攻穀州，羅士信陣前降唐。同月，他又命令郭士衡進犯穀州，被穀州刺史任瓌擊敗，全軍盡沒。

王世充為什麼要這麼不遺餘力地進攻熊州和穀州呢？我們先來了解一下熊州和穀州的地理方位。

熊州和穀州也就是現在的洛陽市洛寧縣和新安縣，東距洛陽不過幾十公里，這麼近的距離就像一柄寒光凜凜的利刃，死死地抵在王世充的後背，使得身處洛陽的王世充，根本沒有任何策略迴旋餘地，如果不拔去，對王世充的威脅實在太大。

此時的熊州掌握在唐右翊衛將軍史萬寶和行軍總管盛彥師手裡，穀州則由穀州刺史任瑰掌握。雖然說史萬寶、盛彥師、任瑰等都是起兵之初就追隨李淵，足智多謀、身經百戰的將領，但畢竟是深入中原腹地，就在王世充的眼皮子底下孤軍奮戰，戰場壓力之大可想而知。但結果卻是，在熊州和穀州身上，王世充不但沒討到任何便宜，始終未能攻破，反而損兵折將，眾多將領紛紛在此投唐而去，嚴重打擊了軍心士氣。

其實，歷史還是給了王世充機會的。武德二年（西元六一九年）四月，劉武周、宋金剛由晉陽起兵攻唐，一路勢如破竹，直指關中。李淵、李世民舉全力應對劉武周，根本無暇顧及熊、穀二州，面對這麼好的策略機遇期，這樣一種有利的態勢，王世充都沒能拔掉眼皮底下這兩顆釘子，足以看出王世充在軍事作戰能力方面有多麼的不合格。

而這個機會的錯過對王世充來講將是致命的。平定劉武周後，李世民帶領大軍西出潼關，經略中原，很快就進駐熊、穀二州，兵臨洛陽城下，而王世充也只能困守洛陽孤城，苦苦支撐。

再來看看王世充在東部戰場的表現。東部的主要對手是夏王竇建德。王世充廢黜楊侗，後又毒殺楊侗，王世充、竇建德自此開始交惡。如果說在西部與唐軍的作戰，主要展現的是王世充作戰能力方面的不合格，那麼在東部與夏軍的作戰，則主要展現的是王世充作戰方向選擇方面的不合格。

武德二年（西元六一九年）的前大半年時間，王世充都在猛烈的、反反覆覆的西向進攻熊州和穀州。但是十月分，在劉武周兵鋒最盛，占據整個黃河以東地區，幾乎就要西渡黃河，進軍關中的時候，王世充卻來了個一百八十度的大轉向，率領所部人馬東向進擊。

雖然這次東進取得了不小的戰果，攻占了汴州、亳州等郡縣，但是卻和竇建德在新鄉、黎陽等地產生了直接的軍事衝突。

本來雙方之前就已交惡，竇建德也不是個省油的燈，他的報復很快就來到。十一月，竇建德攻占殷州（今河南周口市），獲嘉（今河南新鄉），焚燒王世充的糧倉，俘獲了王世充的大將劉黑闥。

這一次由西向東的作戰方向大轉折，為王世充帶來了兩大後果。一是由於竇建德反攻的策略擠壓，導致王世充在洛陽東部的策略空間也被嚴重壓縮，自此，只能局促在洛陽及其周邊這個狹小的策略空間裡，動彈不得。二是直接開罪了竇建德，雙方關係完全破裂，這也導致在李世民進攻洛陽的前期，王世充得不到任何外部援助，只能獨自面對李世民的凜凜攻勢，十分被動。

除了作戰能力和作戰方向選擇方面的不合格，王世充還有一個更大的軍事不合格，那就是在掌握策略全域性方面的不合格，策略目標抉擇不清晰、不明確。

楊玄感和李密的殷鑑不遠，他們都是受困於洛陽，沒有確定一個長遠的策略發展目標，而最終兵敗身死。因為洛陽及所屬的中原地區，地處天下之中，在王朝強盛時期，確實能夠做到居中排程，掌控天下；但在亂世，群雄紛起之時，則成了四戰之地，且地處平原，無險可守，不是一個理想的創業建基之所。

王世充稱帝後，逐漸沉迷在做了皇帝這個「黃粱美夢」當中，享受著洛陽無盡的奢華。而這裡更是天下糧倉的所在之地，糧草充足，衣食無憂，守住、守好這份家當是王世充當下最大的快樂。

這個何以見得呢？當李世民東征洛陽的時候，雙方隔著洛水列陣對峙，王世充對李世民說：「隋室傾覆，唐帝關中，鄭帝河南，世充未嘗西侵，王忽舉兵東來，何也？相與息兵講好，不亦善乎。」王世充真是睜眼說瞎話，「未嘗西侵」——熊州、穀州都快被你王世充打爛了，只是因為自己作戰能力不合格，始終不能拿下而已。不過從這句話中，我們不難看出，此時的王世充只想息兵和好，守住洛陽這一畝三分地。

其實這個時候，對於王世充來講，最好的策略選擇就是：結納竇建德，把握住李淵、李世民忙於應付劉武周的策略機遇期，不惜一切代價，西取熊、穀二州，廓清洛陽周邊；進而控制潼關，堵住李淵、李世民東出中原之路；然後自己再揮軍南下，占據江都揚州，經略江南。

江南這個時候正處在「三國」混戰時期（杜伏威、沈法興、李子通三股勢力在江南地區戰成一團），江都又是王世充經營多年的故地，一旦占據則會獲得穩固的後方基地和廣闊的策略空間，與李淵、竇建德等形成鼎足之勢，這樣也就不會被困在洛陽這個四戰之地了。

三是行政上的不合格。剛稱帝後，王世充表現得非常勤政，每天都上朝，接受群臣朝見，處理政務。而且王世充處理朝政有個特點，就是事無鉅細都要過問，還喜歡說教，有些小事情要反反覆覆說上好幾百遍，很多朝廷官員每天都要被頻繁地召見，聽他深情款款的教誨，搞得疲憊不堪，也就無心去處理具體的政務了，本來是個勤政的好事情，結果卻被弄成了勞政、疲政。

為了表示親民，王世充上街巡視，從不布置警戒，老百姓只需讓路就行了。他還對老百姓說：「以前的皇帝都高坐在宮廷裡，不知民間疾苦。我雖說現在是個皇帝了，但應該像州刺史一樣（拜託！天下還未統一，你這個皇帝按照管轄範圍來講，真的只相當於一個州刺史）事必躬親，現在我不在宮廷內辦公了，就在宮外安置個座位處理政務。」

結果每天都有幾百人過來遞書信、提建議，搞得王世充疲憊不堪。堅持了沒幾天，王世充受不了這個罪了，於是撤銷了這個座位，之後也不再出宮了，好好的一齣勤政親民的大戲也被演繹成嬉政、荒政的鬧劇。

以上政治、軍事、行政這諸多的不合格，最終導致王世充人心漸失，鄭國政府也難以為繼。據史書記載：「王世充將帥、州縣來降（唐）者，時月相繼。」不管是文武將相、州縣官吏，還是普通百姓，每天叛變投唐的人絡繹不絕。王世充不但不從自身找原因，努力改善統治方式，反而採用嚴刑酷法進行控制，企圖嚇阻眾人。

這個刑法有多嚴酷呢！一人逃跑，全家不論男女老少全部株連。相互告發的可以豁免死罪。又命令五戶人家為一保，互相進行監督，一家逃跑，五家共誅。這哪裡是什麼法例啊，簡直就是國家恐怖主義！但越是這樣，人們叛逃得越厲害，以至於後來出城砍柴都要限定名額，甚至只要產生懷疑，就可以毫無理由地將一家人關押起來。監獄不夠用了，王世充就把宮城改造成監獄，將領出外作戰，也要把親屬扣押在宮裡為人質。

採取這樣的高壓和恐怖統治方式，王世充不覆滅都有點對不起歷史了。

## 四　李世民東征中原

在解決了劉武周後，李淵將征伐的矛頭指向了倒行逆施的王世充，指向了中原腹地。武德三年（西元六二〇年）七月，李世民率大軍出潼關，並迅速進駐熊州和穀州，兵臨洛陽城下。

李世民採取「圍其首腦、斷其手足」的圍點打援的策略戰術，進攻東都洛陽。但鑑於洛陽城池堅固，守備力量充足，強攻必然損失慘重，而一旦攻城失利，很容易挫敗銳氣，造成整個戰局的被動。

所以對於洛陽，李世民採取的策略是圍而不打，在圍困洛陽的同時，掐斷洛陽與鄭國其他州縣的連繫，使王世充難以掌握戰場態勢並作出有針對性的作戰部署。之後就是逐一擊破，不斷蠶食鄭國領地。

兵圍洛陽。唐軍在不到一個月的時間內就完成了對洛陽的四面合圍。西面，羅士信率領先頭部隊圍攻慈澗（今河南洛陽市慈澗鎮），之後李世民親率五萬步騎兵進攻慈澗，迫使王世充放棄布防慈澗，退守洛陽；南面，李世民派遣史萬寶自宜陽南下占據伊闕龍門；東面，派遣劉德威自太行山向東包圍河內郡，同時派遣王君廓進占洛口倉，切斷王世充的運糧路線；北面，派遣黃君漢出河陰，攻占回洛倉。

至此，洛陽城被李世民團團包圍，糧草的供給、外部的連繫也通通被掐斷，已經成為一座孤城。

兵略各州。洛陽被圍，王世充的其他州縣要麼被擊破要麼投降。七月，洧州刺史崔樞、長史張公瑾獻洧州城降唐；八月，鄧州當地豪族殺鄧州刺史獻城降唐；九月，顯州總管田瓚以所部二十五州降唐，尉州刺史時德睿統轄杞、夏、陳、隨、許、潁、尉等七州降唐，濮州刺史杜才幹斬殺邴元真後獻濮州城降唐；十月，羅士信攻克硤石堡和千金堡，滎州刺史魏陸、汴州刺史王要漢、陽城令王雄等獻城投降，鎮守虎牢關的王世充太子王玄應，聽說滎陽等各州都已經反叛，非常驚恐，狼狽逃回了洛陽；十一月，李大亮進攻樊城，進逼鄭國魏王王弘烈鎮守的襄陽城；十二月，許州、亳州等十一州降唐。

## 敢言班師者斬

短短半年時間，幾乎整個中原地區已落入李世民手中，洛陽成了一座孤城，距離被攻破看來也只是時間問題了。但就在此時，卻發生了兩件大事，使得情勢差點被逆轉，幾乎迫使李世民罷兵停戰，返歸關中。

一是突厥的大舉來犯。看到中原即將平定，突厥的處羅可汗兵分三路，從東部的山西、中部的黃河河套地區、西部的寧夏，三面同時圍攻。處羅可汗還準備御駕親征，奪取山西并州，安置楊廣的孫子、齊王楊暕的遺腹子楊政道。這要是讓處羅可汗達成目的，那就相當於隋朝回歸故土，復國成功。

這裡簡要說說楊政道。宇文化及在揚州將楊廣、齊王楊暕等隋楊宗室成員屠戮殆盡之後，楊政道出生了。武德二年（西元六一九年），竇建德擊敗宇文化及，俘獲了蕭皇后和楊政道。武德三年（西元六二〇年）二月，嫁到突厥的隋義成公主派遣使者將蕭皇后、楊政道迎接至突厥。處羅可汗立楊政道為隋王，並將突厥境內的中原官吏、百姓全部配給楊政道統治，復立大隋政權，史稱「後隋」。

這個「後隋」政權存在的時間還挺長，將近十年時間，一直堅持到唐太宗貞觀四年（西元六三〇年），隨著突厥的國滅而滅亡。楊政道降唐後，一直活到唐高宗永徽年間才去世。

二是竇建德答應兵援王世充。面對日益窘迫的處境，王世充只能放下芥蒂，伏首向竇建德乞援，請求竇建德盡快出兵解圍。鑑於唇亡齒寒的擔憂，竇建德答應發兵救援王世充，並遣使赴李世民的大營進行調停，企圖勸說李世民停止進攻洛陽，返回關中。

突厥的大舉來犯，竇建德的兵援王世充，對中原戰局產生了深刻的影響。加上洛陽城池堅固、防禦嚴密，唐軍四面圍攻，晝夜不停，但數十日都無法攻克，戰事一度非常膠著。這個時候唐軍內部產生了動搖，很多將領都認為士卒疲憊，無力再戰，請求班師回朝。李世民堅決地予以了否決，並嚴令各軍：「洛陽未破，師必不還，敢言班師者斬！」

手下的眾將好節制，但李淵的詔命可就不好違抗了。遠在長安的李淵聽說了此事，就發密旨給李世民，讓他儘早班師還軍。意志堅定的李世民上表李淵，表明洛陽一定可以攻克，並派封德彝返回長安向李淵面陳洛陽的軍事形勢。

封德彝到達長安後不辱使命，力勸李淵不可退兵，如果此次放棄攻滅洛陽的機會，今後就很難再圖取中原了。李淵被李世民的堅持和封德彝的陳述打動了，堅定了攻克洛陽、平滅王世充的決心。

封德彝這個人是楊廣時期的內史舍人，善於揣摩上意，楊廣喜歡什麼他就專挑什麼講，很得楊廣的歡心，被引為心腹。宇文化及江都兵變的時候，善於見風使舵的封德彝很快轉變態度，當面歷數楊廣罪狀，反而被楊廣一句「卿，士人，何至是！」嗆得羞愧而去。宇文化及殺了楊廣後，帶封德彝一起北返關中。後來宇文化及兵勢日蹙，封德彝一看情形不對，又投靠了李淵，還是做內史舍人。

說來也挺有意思，同樣是這個封德彝，在不同人的手底下，發揮的作用完全不一樣。在楊廣手底下，他諂媚誤國；在李淵手底下，卻能堅定李淵平定王世充、略定中原的決心。

自助者天助。十一月，突厥的處羅可汗在準備御駕親征并州的時候去世了，李淵抓住時機遣使赴突厥慰問，用外交手段解除了突厥兵犯唐境的危機。同月，山東的孟海公攻擊河北，竇建德率領大軍親征孟海公，也就無法發兵援助王世充了。

突厥和竇建德兩處威脅都解除了，李世民更加能夠集中精力對付困獸猶鬥的王世充，而這次，消滅王世充真的只是時間問題了。

## 王世充的覆滅

武德四年（西元六二一年）二月，孤注一擲的王世充率領二萬馬步軍出城，抵進穀水，企圖與李世民的主力大軍展開最後的決戰，處於絕境當中的王世充軍，此刻也迸發出了極強的戰鬥力。為了徹底打垮王世充的抵抗意志，李世民決定給他以迎頭痛擊，他命令全軍在北邙山列陣迎敵。

邙山之戰。李世民命令屈突通率領五千步兵渡過穀水，首先攻擊王世充的軍陣，並在陣前燃放煙火。看到王世充陣前火起，李世民親率精銳騎兵，冒著滾滾濃煙直衝王世充的陣營，與屈突通會合，並一直穿插到王世充陣營的背後，將整個鄭軍陣型衝散、衝亂。王世充也率領部下殊死戰鬥，軍隊幾次三番被打散打亂，王世充又重新集結部隊繼續頑強抵抗。這場戰鬥從早上一直打到中午，雙方將領、士卒混戰一團，你中有我，我中有你。

邙山之戰最終以王世充的大潰敗結束，李世民乘勝追擊，直抵洛陽城下。王世充經過此戰後，再也不敢，也沒有能力出城挑戰了，只能倚城固守，等待竇建德的救援，但是此時的竇建德正帶領大軍，在山東征討孟海公。

洛陽投誠。邙山戰敗後，王世充龜縮洛陽城，李世民命令在洛陽城的四周挖掘深溝，將洛陽團團圍困。長時間的圍困使得洛陽城內的糧食極度緊缺，城內的軍民只能吃草根樹葉。草根樹葉吃光了，甚至只能澄取浮泥，加入一些米屑做成餅用來果腹。吃了這些東西後，人都得了病，身體浮腫，手腳發軟，餓死、病死的不計其數，洛陽城已經無法再支撐下去了。

三月，竇建德平定孟海公後，發大軍西向救援洛陽，王世充日思夜想的救星終於來了。但沒想到，五月，李世民在虎牢關擒獲了竇建德，並將竇建德帶至洛陽城下。

在洛陽城頭上，王世充和竇建德四目相對，「同是天涯淪落人」的兩位梟雄此時的內心無比感慨。

王世充一看大勢已去，打算從洛陽突圍，向南逃奔襄陽，但與眾將商議的時候，大家都默不作聲，已經沒有人肯再跟著王世充了。

沒辦法，王世充只能大開洛陽城門，向李世民投降。王世充全族被押往長安。他的同黨段達、單雄信等十多人被綁赴洛水斬首示眾。

王世充之死。王世充被送至長安後，因為李世民答應過他投降就不殺他，李淵只能將他貶為庶人，全族流放蜀地。但在流放的途中，王世充被獨孤修德矯詔斬殺。獨孤修德的父親獨孤機是皇泰主楊侗的屬臣，王世充篡位弒主的時候將獨孤機一併殺害。

王世充從篡位到身死，不過短短兩年時間，究其原因，除了身處中原腹地、四面受敵，策略空間狹小外，最主要的原因還是王世充個人能力問題。政治上、軍事上、行政管理上及品格修為上，王世充都是不合格的，使得他失去了統治的正當性和合法性。

王世充的覆滅讓唐王朝擁有了中原腹地，更加讓李淵開心的是，此次中原大戰還於虎牢一役擊潰並俘虜了竇建德，一戰就解決了兩個主要的競爭對手。但是竇建德的失敗確實有點太快，太意外了，快得我們都有點來不及介紹這位慷慨悲歌的燕趙之士——夏王竇建德。

# 第十章　慷慨悲歌的燕趙之士——夏王竇建德

竇建德，貝州漳南（今河北衡水市）人，祖上世代務農，但自認為是西漢安成侯竇充的後代。竇充就是漢文帝皇后竇猗房的父親。不過此說法應該不足為信，應屬竇建德稱王後攀附之說。

《隋唐演義》裡把竇建德描繪成李世民的舅舅就是採納了這個說法，因為李世民的母親也姓竇，是北周神武公竇毅的女兒，竇毅自稱源出於東漢大鴻臚竇章，而這個竇章的先祖也是西漢安成侯竇充。就這樣竇建德和李世民的母親竇氏被認作同宗，而竇建德也就成了李世民的族舅了。

其實這兩房竇氏都有攀附嫌疑，李世民母親竇氏的先祖很可能是鮮卑人，後來才改得漢姓；而竇建德是個漢人，一個普普通通的竇姓漢人，二者沒有任何瓜葛。

竇建德人生的發展軌跡，可以拍成一部相當勵志的草根逆襲、改變個人命運的電影了。竇建德從一名普通農民，在亂世中力圖自保，落草高雞泊，成為地方豪強，又透過不懈努力一步步完成自立稱王、開疆建國的宏大目標，雖然最後失敗了，但仍不失為一位燕趙英雄。

## 一　高雞泊好漢

竇建德年輕的時候就才智過人，「重然許，喜俠節」。一個晚上，幾個盜賊跑到竇建德家裡搶東西，被竇建德殺死了三人。其他幾個盜賊嚇得不敢進屋，又想拿回同黨的屍體，竇建德就讓他們扔繩子進來綁屍體。結果繩子扔進來後，竇建德將自己綁在繩子上，群盜毫無知覺，將竇建德從屋裡拉了出來。竇建德一躍而起，挺刀又斬殺數人，為鄉里除了一害。有勇、有謀、重承諾、有俠義的竇建德在當地開始聲名遠播。

大業七年（西元六一一年），河北鬧饑荒，群盜蜂起，蓨縣的高士達等舉兵反叛，這些盜匪四處燒殺搶奪，唯獨不到竇建德的家鄉騷擾。官府就認定竇建德跟這些盜匪是一夥的，不分青紅皂白殺光了他的一家老小，竇建德聽聞後就投靠了高士達。

竇建德投奔高士達後，高士達非常器重他的為人和才幹。竇建德作戰勇猛、身先士卒，又體恤部屬和百姓，周圍來投附的人越來越多，隊伍也逐漸發展壯大到數萬人，高士達和竇建德於是將隊伍拉到高雞泊，依靠「八百里水泊」聚眾起義，落草為寇。

大業十二年（西元六一六年），涿郡通守郭絢率領一萬多人馬征討高雞泊。高士達將軍隊指揮權交給了竇建德。竇建德初次統兵就展現了用兵的才能。他挑選精兵強將七千人抵禦郭絢，又假裝跟高士達不和想要叛逃。高士達也配合竇建德演了一齣雙簧，在營裡隨便拉出一名俘獲的女子詐說是竇建德的妻子，並當著眾軍的面殺掉了她。竇建德於是派人送信給郭絢請求投降，並表示願意當先鋒，率部斬殺高士達以報殺妻之仇。郭絢對此深信不疑，準備接受竇建德的投降，部隊也因此放鬆了防備。看到郭絢放鬆了警惕，竇建德突然率軍襲擊，大敗並斬殺了郭絢。

殺死了朝廷命官，這個事可就鬧大了，高雞泊的義軍也就在楊廣心中被列入黑名單了。隨後楊廣派遣楊義臣領兵進討河北。楊義臣本姓尉遲，是隋朝知名大將，因戰功赫赫被隋文帝楊堅認作從孫，並賜姓楊。竇建德曾對高士達說過：「隋善將獨義臣耳。」

楊義臣兵鋒凜凜進討高雞泊，想一鼓作氣剿滅高士達和竇建德。面對楊義臣的大舉進攻，竇建德主張避其鋒芒，帶領部隊轉移，採取「打得贏就打，打不贏就走」的方法拖住對手，並利用熟悉地形的有利條件，採取游擊戰術進行騷擾，等到敵軍將士都疲勞厭戰了，再打他個措手不及。

高士達沒能採納竇建德的意見，他讓竇建德留守高雞泊，自己帶領所部兵馬出水泊迎戰楊義臣；但是仗還沒開始打，高士達就大擺酒宴。

竇建德聽聞後，知道高士達無法抵擋住楊義臣的進攻，高雞泊恐怕難以守住，於是預做準備。竇建德留下大部分人馬在高雞泊內守衛營寨，自己帶領一百多精兵強將占據險要地方以進行策應。但是僅僅過了五天，前方就傳來高士達兵敗被殺的消息。楊義臣乘勝追擊，猛攻高雞泊，守寨的士兵完全無法抵禦，全部潰逃。本打算在營外進行策應的竇建德一看大勢已去，就帶著一百多人逃走了。

如果此時楊義臣再接再厲，迅速追擊的話，竇建德猜想就要被擒或被殺了。但上天保佑，這個時候隋廷的一道詔令幫助竇建德躲過了一劫。

楊義臣河北大捷後，把捷報以及河北義軍風起雲湧的真實情況一併上書朝廷。楊廣在接到楊義臣的呈報後十分震驚，他怎麼都沒想到光河北就有這麼多的反賊，因為之前身邊那些阿諛奉承的大臣都告訴他全國平叛形勢一片大好。

看到隱情不報的事即將露餡，這些大臣當然要極力文過飾非。他們對楊廣說楊義臣誇大其詞，而且進讒言，楊義臣長期在外擁兵自重，提醒楊廣不得不防。沒想到昏聵的楊廣竟然聽信讒言，詔令楊義臣班師回朝，並剝奪了楊義臣的兵權。不久後，憂憤不已的「隋朝唯一善將」楊義臣含恨去世。

竇建德躲過了一劫，帶著餘部向西逃竄，其間攻破饒陽（今河北滄州饒陽縣），勸降縣丞宋正本，重新聚集兵馬，之後趁著楊義臣帶兵回朝的機會，率領人馬返回高雞泊，並收攏潰散舊部，竇建德的軍力逐漸恢復。

## 二　大夏國英主

少了楊義臣這個對手，竇建德兵鋒所指處，隋朝守將紛紛獻城納降，各地的百姓也紛紛前來歸附，很快竇建德的部隊就發展到十多萬人，隨著實力越來越雄厚，竇建德向外擴張的攻勢也越來越猛。

### 河間稱王

大業十三年（西元六一七年）一月，竇建德在河間和樂壽之間（今河北省滄州河間市和獻縣之間）築壇，自立為長樂王，高雞泊的好漢來了個華麗大轉身，由占山為寇轉變為裂土封王。

竇建德河間稱王沒多久就碰上了他生平第一場惡戰——河間之戰，而且對手非常強悍。

大業十三年（西元六一七年）七月，李密兵圍東都，天下震動，洛陽的情勢岌岌可危，隨時都有可能陷落。身處江都的楊廣無力也無意北返救援，於是命令左御衛大將軍薛世雄帶領三萬燕地（今北京）精兵赴援東都洛陽，並節度天下兵馬，所經之處可隨意征討。而從北京到洛陽必須經過河北，經過竇建德的領地。

於是薛世雄想先解決掉竇建德，解除掉赴援洛陽的後顧之憂，然後再集中全力進攻李密；豈料這一戰，身經百戰的老將軍卻意外兵敗身死，將星隕落。

薛世雄的大軍駐紮在河間七裡井。竇建德的部眾一聽薛世雄來征討，都感到非常的害怕，認為此戰必敗，應該趕緊向南逃走。竇建德沒有採納部屬的意見，而是再一次使用迷惑敵軍的計策，這一次身經百戰的薛世雄也中計了。

竇建德先是在薛世雄大營附近的沼澤地裡埋伏下勁兵猛卒，然後帶領其他的部眾假裝潰逃，拔城而走。薛世雄看到竇建德跑了，就認為這只不過是一群草寇，烏合之眾不足為慮，也就不再設防了。

當天夜裡，竇建德率領一千名敢死隊員殺了個回馬槍，想趁天沒亮的時候偷襲薛世雄的大營，但走到距薛營不到一里的地方，天就亮了。正當竇建德準備放棄這次偷襲，帶兵返回的時候，天降大霧，伸手不見五指。竇建德高興極了，大叫一聲：「天助我也！」率軍突入薛世雄大營。未做任何準備的薛世雄陣營大亂，兵卒四散潰逃，怎料旁邊又伏兵四起，最後只剩下薛世雄和幾名親隨逃回涿郡，三萬燕地精兵損失殆盡。沒過多久，受不了打擊的薛老將軍就憂憤交加，鬱鬱而終。

河間之戰是竇建德又一次使用經典的疑兵和痺敵之計，之前上當的是郭絢，這次是薛世雄，一名威名赫赫的大將都上了竇建德的當，由此可以看出竇建德很有策略戰術，喜歡出其不意、攻其不備。

關於此次戰鬥，《資治通鑑》記錄的版本不太一樣：「建德與其士眾約日：夜至，則擊其營；已明，則降之。未至一里所，天欲明，建德惶惑議降。會天大霧，人咫尺不相辨，建德喜日：天讚我也！遂突入其營擊之。」根據《資治通鑑》記載，這場戰鬥的勝利完全屬於竇建德誤打誤撞，要不是天明時一場大霧，「惶懼」的竇建德就要在薛世雄營前自縛請降了。

但我覺得這個版本不足為信。首先，膽小畏戰的人設不符合這個時期竇建德表現出的英雄氣概，況且此時竇建德擁兵數十萬，而薛世雄只有三萬人馬，兵力明顯是竇建德占優勢，沒理由仗還沒開打，竇建德就先怕起來。

其次，就算是薛世雄勇冠三軍，竇建德完全不是其對手，他也沒必要投降薛世雄——身為反賊首領，又擊殺過朝廷大將，送到剛愎自用的楊廣面前，還能夠活命嗎？竇建德肯定知道箇中厲害。

最後，善於用兵的竇建德經常採取「打得贏就打，打不贏就走」的策略戰術，大不了這次先放棄河間退回高雞泊，反正薛世雄的主要進攻目標是李密，不見得會帶兵窮追猛打。

## 大夏建國

擊潰薛世雄後，聲威鵲起、軍鋒盛銳的竇建德一鼓作氣攻打河間縣城，但駐守河間的郡丞王琮帶領軍民頑強抵抗，多次打退竇建德的進攻。

轉眼來到了武德元年（西元六一八年）三月，楊廣江都被弒，天下情形鉅變。此時的河間縣城已被竇建德圍困了大半年，糧食早就吃光了，王琮沒有辦法，帶著守城軍民全身縞素，為隋煬帝舉哀後獻城投降。

拿下河間縣城後，有將領向竇建德建議說：「王琮長時間抵抗我軍，殺死我們很多人馬，現在沒有辦法才出城投降，我們應該烹了他，以告慰陣亡將士之靈。」竇建德不但沒有同意，反而對左右將領說：「王琮是一位真正忠誠的大臣。這樣一位大忠臣都被殺掉了，以後誰還會真心投效。以前在高雞泊當草寇的時候，也許可以隨便殺人，現今要匡扶正義平定天下，怎麼能夠傷害忠良呢？」於是竇建德釋出命令，告誡以前跟王琮有仇的人，如果敢鼓惑人心報復王琮，則罪滅三族，同時任命王琮為河間刺史。

從對王琮的處理上，可以看出，此時的竇建德在身分和思想上都完成了從草寇到王侯的轉變，而且這個轉變在接下來的征討宇文化及一役後，變得更加地徹底。

宇文化及在江都弒殺楊廣後率軍北上，後被李密擊潰跑到魏縣（今河北邯鄲市魏縣）。此時的宇文化及已是眾叛親離，每天只知道飲酒取樂。知道自己必然失敗的宇文化及經常嘆道：「人生故當死，豈不一日為帝乎？」後來宇文化及索性自己做起了皇帝，也算是了卻了個人心願，過了一把皇帝癮。

看到宇文化及跑到自己的領地，竇建德當然不會放過。這麼大好的擊殺弒主逆賊，樹立光輝形象，收買天下人心的機會，他的納言宋正本、內史侍郎孔德紹也進諫說：「宇文化及和楊廣是姻親關係，而且父子兄弟世受隋朝隆恩（宇文化及的父親就是隋煬帝「五貴」之首宇文述。宇文化及有個弟弟叫宇文士及，娶的是楊廣的長女南陽公主），個個身居高位，他卻做出這種弒君叛逆，讓天下人不齒的醜行。對於這樣的人是人人得而誅之。大王該誅殺此賊，使天下人歸心。」竇建德隨後帶領大軍征討，活捉了宇文化及。

擒獲宇文化及之後，竇建德採取的一系列處理方式，再次展現出他思想上的深刻轉變和政治上的高超手腕。

一是捉拿殺害隋煬帝的全部主謀，並召集隋朝文武官員逐一核對後，就地斬首示眾。宇文化及和他的兩個兒子宇文承基、宇文承趾則被關進監車帶回都城斬殺。之後竇建德上表向身在洛陽的皇泰主楊侗報捷。在向隋室進獻了這麼大的投名狀後，竇建德獲得了楊侗的信任，並得以假借朝廷名義四處征略，不斷擴大自身實力和地盤。

二是竇建德在獲得楊廣的蕭皇后後，以隋臣的名義拜見。之後，和親突厥的隋義成公主派使者來迎奉蕭皇后，竇建德親自送至突厥境內，並將宇文化及的首級送給了突厥，這樣一來，竇建德又獲得了突厥人的大力支持。

三是此戰竇建德獲取了大量的金銀珠寶和宮女，所獲的財物竇建德全部分給手下的將士，所得的宮女也全部放還。竇建德的這個舉動讓他收穫了一眾民心。

獲得豐厚政治回報的竇建德開始建都樂壽。這一年的冬至，竇建德大會群臣，有五隻大鳥降落在城頭，身邊圍繞著數不清的鳥雀。此時正好有人進獻玄珪一枚，孔德紹就進言道：「古時候上天將玄珪賜給夏禹，現今的吉兆跟夏禹承天受命時一樣，主公應當稱夏國。」竇建德聽從了這個建議，從此改稱夏王，建立夏國——高雞泊草寇搖身一變成為了一國之主。

## 英明之主

竇建德稱夏王後，銳意進取、積極開拓，採取了一系列的措施穩固他的統治，並不斷拓展個人實力，政治手腕成熟。

他沒有自己稱帝，而是派遣使者到洛陽覲見皇泰主楊侗，接受隋室「大夏王」的冊封，並結納東都的實際掌控者王世充，以隋臣的名義征討其他各路諸侯，開疆拓土；又積極外聯突厥，獲得大量的軍援和資助，從而實力大增，在河北已無人可與其匹敵。同時，竇建德生活簡樸，勤儉治國，他每餐只吃米飯青菜不吃肉，妻子穿的衣服都是粗麻舊布。

在治國理政和軍事擴張方面，竇建德透過一系列的有效措施使得立國之初的夏國，國勢日盛、實力大增，呈現一派蒸蒸日上的景象。

一，任用賢臣。竇建德非常注重任用賢明，而且不問出處，不論親疏，只唯個人的政績和能力。不管是和他一起打江山的老臣，還是最近歸附的新人，甚至是戰場上捉對廝殺過的仇敵，他都是一視同仁。

對於投誠的隋朝官員和將士，竇建德更是傾心接納，委以重任，因為他知道這些人政治能力突出，政治資本豐厚，對於夏國的發展和建設有百般助益。竇建德任命隋朝黃門侍郎裴矩為左僕射，兵部侍郎崔君肅為侍中，少府令何稠為工部尚書，右司郎中柳調為左丞，虞世南為黃門侍郎，歐陽詢為太常卿，其他的隋朝官員也按照才能授予官職，交付實權。對於確實不想歸附的，或者想另投他人的人，寬仁的竇建德也從不阻攔，而且還發放足夠的錢糧給他們，派兵護送出轄區。

從這些人事任命可以看出，竇建德志存高遠，雖然此時竇建德已建國稱王了，但畢竟是農民出身，手下的將領和大臣也多是起兵之時的鄉黨同伴，文化素養不高，也沒有治國理政的能力，而任命的這些人很多都是隋朝的重臣名相，在治理國家方面有著非常豐富的經驗。

二，兵略中原。王世充在洛陽毒殺楊侗，自立稱帝後，尊奉楊侗的竇建德和王世充決裂，開始兵略中原。

竇建德兵鋒南指，一路攻破滄州（今河北滄州市）、趙州（今河北石家莊市）、冀州（今河北衡水市）、邢州（今河北邢臺市）和洺州（今河北邯鄲市）。洺州位於今河北的南部，再往南就是河南的安陽了，竇建德只要再前進一步就將踏足中原大地。雄心壯志的竇建德為了更快、更直接地進逼中原，將都城從樂壽搬至洺州，俯瞰中原大地。

遷都未久，竇建德就聯合突厥，南下進攻河南，很快就攻破了河南的安陽和滑縣。已經踏足河南大地的大夏王沒有停止前進的腳步，竇建德接著攻打衛州，占據黎陽倉，不但獲得豐厚的糧草物資，而且還俘獲了唐朝的淮安王李神通、唐高祖李淵的皇妹同安長公主和黎州總管李勣。

攻破黎陽倉後，竇建德兵鋒深入中原腹地，兵勢之盛當時幾乎無人可以匹敵。割據兗州（今山東曲阜）稱霸山東的義軍首領徐圓朗也獻地投降。此時的大夏國據有河北、山東以及河南北部地區，沃野千里、兵精糧足，達到了起兵立國以來發展的巔峰。

三，北攻幽州。武德元年（西元六一八年）十一月，竇建德收降易州（今河北易縣）、定州（今河北定州市），攻陷冀州，目標直指北疆重鎮——幽州。此時的幽州掌握在已經投降唐朝的燕王羅藝手中，竇、羅二人在幽州一帶展開了經年的廝殺。

攻克冀州沒多久，竇建德率領十萬人馬進犯幽州。羅藝想帶領兵馬出城迎戰，被部將薛萬均給攔了下來。薛萬均建議羅藝誘敵深入，趁竇建德渡水來攻的時候再突施奇襲，擊敵半渡。羅藝採納了薛萬均的建議，給了竇建德當頭一擊。隨後，雙方在幽州城下相互攻戰百餘天，竇建德始終無法擊敗羅藝，只好帶領部隊返回了樂壽。此一戰使得竇建德占領幽州的計畫徹底落空。之後，竇建德南下中原，沒有再親身染指幽州，其間只是派出小股部隊實施偷襲，但基本上是無功而返。

時間來到了武德三年（西元六二〇年）十月，這個時候李世民東征洛陽，和王世充在中原地區展開了廝殺，竇建德樂於看到鷸蚌相爭，自己坐收漁利。

看歸看，此刻的竇建德也沒閒著，他率領大軍又開始進攻已歸降唐朝的燕王羅藝控制的幽州，想統一整個北方，但這一次竇建德仍然沒有討到便宜。竇建德第一次發起進攻，被羅藝和盤踞在漁陽的高開道聯手擊退，被迫撤離。

不甘心失敗的竇建德馬上捲土重來，率領二十萬兵馬再次圍攻幽州，這次下了血本的竇建德決心不拿下幽州絕不罷休；而幽州也在他的猛烈攻勢下搖搖欲墜，甚至竇建德的士兵已經登上了幽州城頭。關鍵時刻又是薛萬均與他的兄弟薛萬徹，率領一百名敢死隊員挖地道出城，殺到竇建德軍隊的後方展開突襲，一舉擊潰了竇建德的攻擊。損兵折將的竇建德只好再一次退軍，返回洺州。

北攻幽州是英明的夏王竇建德在征戰生涯中遭受的一次重大挫折。

四，收降孟海公。武德三年（西元六二〇年）十一月，也就是在竇建德兵敗幽州後僅僅一個月，竇建德親率大軍攻擊山東境內的孟海公。竇建德進攻孟海公的戰鬥進展得不是很順利，一直到武德四年（西元六二一年）二月，才徹底擊敗並收降了孟海公和他的軍隊。

## 三　虎牢之戰——大唐統一之決定性戰役

武德四年（西元六二一年）二月，竇建德在山東收降了孟海公。此時中原戰場上的王世充大敗，被李世民圍困在孤城洛陽，已經無法支撐，為了避免唇亡齒寒，竇建德決定親自率軍赴援洛陽。

未做任何休整的竇建德率領本部兵馬，挾新降孟海公之威，直接從山東開拔，順著黃河南岸水陸並進，一路攻克開封、鄭州、滎陽，直逼虎牢關。

由於竇建德突然加入戰團，中原戰場的作戰態勢對李世民來講瞬間逆轉。一旦竇建德攻破虎牢關，眼前是一馬平川，身處洛陽城外的唐軍將無險可守。雖然王世充龜縮在洛陽城內，無力進攻，但仍一息尚存，如果竇建德突破唐軍防線，與王世充合軍一處，那對於李世民來講只能前功盡棄，退出中原，退保關中。假如真面臨這樣的局面，面對這樣重大的策略挫折，大唐王朝要實現統一天下的願望就遙遙無期了。

屈突通、蕭瑀等將領認為：中原征戰已歷時一年，士卒疲乏；王世充憑藉堅城固守，急切間難以攻克；而且竇建德挾得勝之師，士氣高漲，銳不可當。為避免腹背受敵，應該撤圍洛陽，退保新安，占據險要之地以待時機。郭孝恪、李勣等則認為要繼續圍困洛陽，並快速前出虎牢，以逸待勞擊潰竇建德，這樣，失去支援的王世充自然也就會跟著敗亡。

李世民該如何抉擇呢？要知道在這千鈞一髮的時刻，任何決策的失誤，都會導致難以挽回的嚴重後果。在冷靜分析戰場態勢後，李世民做出了足以影響整個歷史進程的正確抉擇。

李世民對將士們說：「王世充困守孤城，彈盡糧絕，上下離心，敗亡指日可待。竇建德剛剛打敗了孟海公，將領驕傲、士卒疲憊，銳氣必將日漸消亡。我們應該東進占據虎牢，扼住他前進的咽喉。竇建德如果輕敵冒進，我們可一戰降之。如果其猶豫不決，進退失據，那要不了多久，洛陽必被我們擊破。到時候我軍士氣大振，集中全力進攻竇建德，那這一戰我們可以一舉擊敗兩個勁敵。成敗就看這一仗了。」

接下來戰爭進展的情況也確實和李世民所說的一模一樣。

## 決戰虎牢關

李世民留下李元吉、屈突通等人繼續圍困洛陽，自己親率三千五百名精兵東奔虎牢。三月，李世民據守虎牢關，竇建德也領軍進至虎牢東原，在板渚紮下大營。

一日，李世民親率李勣、程知節、秦叔寶、尉遲恭這支史上最豪華偵察男團以及五百名精騎刺探竇建德大營。一路上，李世民沿路留下隨行騎兵埋伏在道路兩側，分別讓李勣、程知節、秦叔寶統領，身邊只留下尉遲恭帶同四名騎兵一起前往竇營。自信的李世民還不無炫耀地對尉遲恭說：「我拿弓箭，公執長槊相伴，就算有百萬之敵又能奈我何！」

李世民等六人來到竇建德營前，被巡營的哨兵發現了，竇建德派將領殷秋、石瓚率領五千人馬追擊。李世民帶著尉遲恭故意徘徊慢行，引誘追兵，殷秋和石瓚哪肯放過李世民這條大魚，一路追趕，被李世民誘至伏兵之所。埋伏在此的李勣、秦叔寶等人一躍而出，奮勇衝殺，竇建德的追兵哪抵擋得住這些猛將的突擊，結果是大潰而逃，殷秋和石瓚也做了俘虜。

得勝回營後，李世民還不忘修書一封羞辱竇建德，勸他儘早退兵，別白白為了朝不保夕、反覆無常的王世充丟了自己的身家性命。

接到李世民的書信，看到二將被俘，想到王世充又無力出戰，剛開始西征時壯志滿懷的竇建德開始猶豫了，而這一猶豫就是整整兩個月的時間，不知道之前那個明斷果決、善於「出其不意，攻其不備」的「高雞泊好漢」哪裡去了！

兩個月的進退不決，出戰不力，使得竇建德部隊的銳氣很快消亡。李世民又派遣王君廓率輕騎抄掠竇建德的糧道，截斷了竇建德軍隊的糧草供應。這樣一來，竇建德的部隊更是士氣全無，日夜思歸。

這個時候，竇建德的國子祭酒凌敬獻計道：「大王，您應該放棄救援洛陽，率領大軍北渡黃河攻取河陽，然後再翻越太行山，進入上黨（今山西長治），之後沿著汾水河谷進攻霍邑、臨汾，直撲黃河，威脅關中。」好傢伙，如果單從進入山西後的進攻路線來看，這和李淵晉陽起兵時一模一樣，要是實施的話，可以稱得上第三次「晉陽起兵」了。

不過這條計策實在是不按常理出牌，不走尋常之路。凌敬為了打消竇建德的疑慮，接著說出了三點好處：一是唐軍主力此時在洛陽，山西防守必然空虛，取勝可以說是萬無一失；二是開疆拓土、招兵買馬，增強大夏國實力；三是出其不意，兵臨河東，關中必然震動，洛陽之圍也就自動解除了。

竇建德本來打算按照凌敬的建議行事，但是王世充聽說此事後，害怕竇建德一走，洛陽很快就會陷落，於是讓之前到竇營求援的姪子王琬日夜在竇建德面前哭泣，請求竇建德兌現承諾，盡快出兵救援洛陽，同時暗地裡用金銀財寶收買竇建德手下的將領中傷凌敬。

收受了王世充賄賂的將領在竇建德面前不斷指責凌敬，說凌敬不過是一介書生，哪裡懂得打仗，他的話是不能聽的，還紛紛要求出戰救援王世充。聽信讒言的竇建德徹底拋開了凌敬的主張，著手準備與李世民進行決戰。

那凌敬的計策到底如何呢？歷史上這一幕沒能發生，所以無法檢驗，但隨後的一個小插曲卻很能說明問題。竇建德返回家中，他的老婆聽說此事後對竇建德說：「祭酒計甚善。」竇建德卻回應道：「此非女子所知。且鄭朝暮待吾來，既許之，豈可見難而退，且示天下不信。」唉！就連他的老婆都知道凌敬的計策甚善，竇建德卻顧及所謂的「許諾」而不予以採納。

五月，決定李世民、竇建德乃至王世充命運，決定中原大地歸屬，甚至是整個天下最終歸屬的虎牢之戰展開了。

竇建德率領全軍從板渚出牛口，兵臨虎牢關城下，軍隊陣列連綿二十里，城頭上的唐軍看到這個陣勢，心裡都十分害怕。李世民親自登城瞭望，鼓舞眾將士說：「敵人從山東起兵，勞師遠征，如今逼近城關排兵布陣，又輕慢自大。我們此時只要按兵不動，時間長了他們的士氣自然衰竭，到時候我們全力攻擊，一定會取得勝利。我和各位保證，一過中午肯定能擊潰敵人！」

竇建德看到李世民兵少又堅守不出，很是輕視。就連來竇營求援的王琬都是一副輕慢的態度，騎著青驄馬，穿著金盔金甲，在唐軍陣前耀武揚威。李世民看到後隨口說了一句：「他騎的真是匹好馬。」尉遲敬德便直衝敵陣，活捉了輕慢自大的王琬，並牽著他的坐騎奔回唐營。竇建德的軍士見狀後更是一片譁然。

從早上到中午，竇建德的部隊一直列陣軍前，士兵們又飢又渴。由於對唐軍的輕視，竇建德的軍隊也就放鬆了警惕，散亂地坐了下來，並爭著搶水喝。也就在這爭搶之間，竇軍的陣營出現大亂，士兵們在疑惑之間都想著後撤。

一看到竇建德軍陣出現鬆動，李世民抓住時機下令全軍突擊，直撲竇軍陣營。此時竇建德大營內，群臣正在朝謁，一聽到唐軍騎兵突降，群臣們紛紛跑向竇建德。竇建德正想召集騎兵抵禦唐軍，卻被群臣阻隔，難以前進。窘迫之際唐軍已殺到陣前，無奈之下竇建德只能指揮部隊後撤，再重新列陣。

此時的竇軍已陣腳大亂，人心惶懼。戰場上也是塵土飛揚、遮天蔽日。李世民親自率領李勣、程知節、秦叔寶、李道玄等將領捲起旌旗，衝入敵陣，並從敵人的陣後破陣而出，將唐軍旗幟迎風展開。

竇建德的士兵倉皇回撤，但抬頭一看，大唐旌旗在陣後迎風飄揚，旗幟下面駐馬屹立著威風凜凜的秦王李世民和他的一班猛將精兵，於是竇軍瞬間崩潰，四散而逃。竇建德逃竄至牛口渚躲避，被追趕而至的唐軍生擒，也應了那句「豆（竇）入牛口，勢不長久」的讖語。

七月，竇建德被送至長安，李淵下旨處死。

## 竇建德之失

竇建德的失敗確實很可惜。這位出身農家，起於草莽的大夏王，勵精圖治、勤儉建國，確是隋末亂世中少有的仁義有德、信守諾言的英雄之主，有兩個例子很能說明竇建德的仁德。

武德三年（西元六二〇年），中原戰事已起，被竇建德俘獲的李勣在這個時候逃歸了大唐。李勣自己是跑了，但他的父親李蓋卻仍然在竇建德手中。竇建德的大臣們就建議竇建德殺掉李蓋，震懾那些想叛逃的人。竇建德卻認為李勣不背舊主，是個忠義之臣，不但沒有殺李蓋，反而釋放了李蓋，讓他們父子團聚。同樣的，後來李淵遣使與夏國修好，並索要被俘的淮安王李神通和同安公主，竇建德二話不說，派兵護送李神通和同安公主返回大唐。

有時候想一想，身為亂世中的一個國君，竇建德的失敗是不是也和他的仁義分不開？如果在虎牢之戰的時候，他的手裡仍然握有淮安王李神通、同安公主和李蓋，不知道李世民和李勣在作戰的時候會不會有所顧忌，而竇建德自己是不是也不會一戰就兵敗被俘了呢？

在攻陷趙州和邢州的時候，竇建德抓住了總管張昂、刺史陳君賓以及撫慰使張道源等人。由於他們之前的頑強抵抗，竇軍遭受了很大的損失，盛怒下的竇建德想殺掉他們。凌敬就勸諫道：「他們都是忠勇頑強的義士，現在因力竭而被俘，殺了這樣的義士忠臣，還怎麼勉勵大王您自己的臣屬呢？」

氣頭上的竇建德怒道：「他們執迷不悟，始終不肯投降，害得我折損了許多將士，怎麼可以赦免他們呢！」直言敢諫的凌敬又勸說道：「您當時派大將軍高士興在易水抵禦羅藝的時候，羅藝的軍隊才剛到，高士興就投降了，您覺得是不是要這樣才行呢？」這句話讓竇建德恍然大悟，於是下令放了張道源等人。好一個寬容厚德、從諫如流的大夏王啊！

那麼是什麼原因讓竇建德這麼快就失敗了呢？客觀來講，虎牢一役竇建德的兵敗被俘確實有很大的偶然和意外成分。僅僅一仗就徹底失敗這確實太過於突然，太快了，快得連戰場都只處在鄭國地界，唐軍甚至連夏國的領地都沒能望見。但是偶然之中又包含著必然，讓我們跳出虎牢之戰來梳理一下夏王之失。

聽信讒言，濫殺有功之臣。一代豪傑竇建德也難逃歷史的宿命，做了夏王，稱了天子後，隨著環境的改變，竇建德的心態也慢慢變了，他的失敗是從聽信讒言，聽不進諫言開始的。

竇建德手下有一員大將叫王伏寶，跟隨竇建德征戰多年，勇冠三軍，功績在諸將之上，結果遭到諸將忌妒，誣說他謀反。竇建德聽信讒言將王伏寶殺死。王伏寶臨死的時候，高聲說道：「我無罪，大王何以聽信讒言，自斬左右手。」

如果王伏寶是竇建德的左手，那宋正本就是他的右手。宋正本初為隋朝饒陽縣令，博學多才、善斷多謀，也正直敢諫，是最早歸降竇建德的隋朝官員，竇建德也非常信任器重他。宋正本忠心輔佐竇建德，助他平宇文化及，擒李神通、李勣，建立大夏國。但當了國君後的竇建德開始好大喜功，聽不進逆耳忠言，而宋正本的為人又正直剛烈，經常直言進諫，很不給竇建德情面，後來，竇建德同樣聽信小人讒言將這位正直的老臣給殺掉了。

竇建德殺了兩位最忠勇的文臣武將，也就自斷了自己的左右手。

策略失策，貽誤援鄭最佳時機。武德三年（西元六二〇年）七月，李世民率領大軍東征王世充。這個時候，竇建德是樂意看到李世民和王世充兩強相爭的，這樣他就可以坐山觀虎鬥，坐收漁利。

本來在竇建德眼裡，王世充和李世民是兩個勢均力敵的對手，中原戰況一定是慘烈無比，但結果完全出乎竇建德的預料之外，王世充根本抵擋不了李世民的進攻，鄭國失地千里，所屬的州縣不是被攻破，就是獻城投降，控制範圍越來越小，人馬也越打越少。無奈之下的王世充只能派遣王琬到河北請求竇建德出兵救援。

之前因為廢黜並毒殺皇泰主楊侗事件，竇建德公開宣布和王世充斷交，後來雙方還在黎陽大打出手，結下了梁子，竇建德對於發兵救援鄭國還是相當猶豫的。

這個時候竇建德的中書舍人劉斌對他分析說：「現在唐國占據關中，鄭國占據中原，大王您占據河北，這是三足鼎立，相互對峙的局面。唐全力攻打鄭快兩年時間了，現在鄭國的形勢可以說是岌岌可危，照這樣發展下去，李世民必然擊敗王世充，而一旦王世充被擊敗，三足鼎立的局面將被打破，到時候挾著擊敗王世充，占據中原的餘威，兵鋒正盛的唐軍一定會全力對付我們，那就不好辦了。大王您現在不如發兵救援王世充，趁著王世充現在還有抵抗的力量讓他在裡邊抵禦，我們在外圍進攻，這樣內外夾攻，一定能打敗李世民。」

完美的外圍增援，中心開花的策略戰術，完美的鼎足而立，三分天下的策略設想，竇建德也非常贊同，但執行起來卻大打折扣。

竇建德沒有發兵援鄭，只是做了兩件事，一是派出使者到洛陽與王世充結盟，二是派出使者到李世民處要求退兵。都是口頭上的動作，而沒有實際上的行動。

竇建德沒有發兵救援王世充，那他在做什麼呢？難道真閒在洺州？當然不是，竇建德仍然心心念念著幽州，他的圖謀是乘著中原混戰，向北攻略他夢寐以求的幽州，統一中國北部。按照竇建德的策略設想，在平定幽州，穩固後方後，他再集中全力南下中原，以爭天下。

於是，就在當年的十月發生了竇建德、羅藝之間的幽州之戰。但此時的竇建德在誅殺王伏寶、宋正本等開國功臣之後，已失去了立國之初的銳氣，被羅藝、薛萬均等人擊敗，損兵折將，只得南歸洺州。

北邊折了銳氣之後，竇建德該西進救援王世充了吧？因為這個時候王世充的形勢在逐漸惡化，再不救援的話恐怕他支撐不了多久。可惜的是，竇建德仍然沒有西進救鄭，而是選擇東向討伐孟海公。

十一月，竇建德親率大軍渡過黃河征討孟海公，直到武德四年（西元六二一年）二月才擊敗並收降了孟海公。但就在這短短的三個月時間內，王世充的形勢急轉直下，經歷了邙山慘敗後，實力損失殆盡，幾乎只剩下洛陽這座孤城苦苦支撐，局面實在難以挽回。

從武德三年到武德四年這幾乎一整年的時間裡，竇建德其實有很多機會發兵救援王世充，也有很大的可能擊退唐軍。曾經有段時間，唐鄭戰事膠著，曠日持久，形勢一度相當困難，李世民手下的眾多將領都信心不足，產生了厭戰心理。而突厥的處羅可汗也準備大舉進攻唐境，將新興的大唐扼殺在搖籃當中。這個時候，李淵甚至已經下詔讓李世民罷戰回軍，但經不住李世民和封德彝的勸諫，這才收回了撤軍的詔命。

在這期間，竇建德如果能夠派出增援部隊，襲擊李世民的後背，並與王世充裡應外合，李淵就很可能會選擇罷兵。

不聽諫言，輕敵冒進，導致一戰滿盤皆輸。虎牢大戰展開之前，凌敬勸他放棄正面攻擊李世民，採取迂迴作戰的策略，繞到唐軍的側翼，進攻山西，並直撲黃河，威脅關中，進而迫使李世民撤圍洛陽。可惜竇建德沒有採納這條出其不意的妙計，而是選擇押上全部身家和李世民展開虎牢決戰。

但整個虎牢一役，竇軍上下都對唐軍十分輕視，作戰準備又不充分，軍紀廢弛，陣型散亂，結果被唐軍抓住有利時機一陣衝殺，瞬時崩潰。

當然竇建德失敗的最主要原因，我認為還是遇到了對手，這個對手就是李世民，他的果敢堅決、自信無畏是竇建德無法比擬的。

# 第四篇

## 平定南北

李密、竇建德、王世充的失敗，意味著大唐已徹底平定中原大地。此時的大唐已經據有了關中、巴蜀、隴右、河東、中原和華北等地區。雖然由於竇建德失敗得太快，太過於意外，華北形勢還不太穩定，但其餘地區已經被大唐牢牢掌控。

此時，李淵的鬥爭目光移向了南方，移向了盤踞江陵，據有荊楚、嶺南、江左的蕭銑。

## 第十一章　王孫公子嘆無緣

平定中原之後，李淵要實現統一大業，下一個要打通的關鍵節點自然是「九省通衢」的湖北及其所處的江漢平原。控制了江漢平原，向東可以順長江而下，直取富庶的江南地區，向南可以經略兩廣和雲貴，整個南中國也就盡在掌握了。

此時橫擋在大唐通關道路上的是皇族後裔蕭銑及其復立的梁國，勝地千里，帶甲四十萬，實力不容小視。

## 一　蕭銑江陵復國

蕭銑是南梁武帝蕭衍的六世孫，真正的皇室子孫。西元五〇二年，蕭衍取代南齊和帝蕭寶融，建立南梁，史稱梁武帝。南齊和南梁的皇帝都姓蕭，雖然他們之間不是直系血緣關係，但屬於同宗，都出自江南望族蘭陵（今江蘇丹陽）蕭氏，有一個共同的祖先，西漢開國宰相蕭何。

蕭衍在位近半個世紀，是南北朝時期在位最長的帝王。其生涯前期勵精圖治、大力改革，政績斐然，開創了南梁，也是東晉以來南朝發展的最繁榮階段，但跟很多帝王一樣，蕭衍在後期就逐漸腐朽墮落了。西元五二〇年，蕭衍改元「普通」之後，他的作為真的就越來越普通了，沉迷佛教，不理朝政，曾經四次投身同泰寺出家，都被大臣們用重金贖回，真不知他演的是哪一齣。

西元五四八年，南梁發生「侯景之亂」，蕭衍被侯景餓死在建康（今江蘇南京），他的兒子蕭繹在江陵繼位稱帝，史稱梁元帝。當然，這種非正常的權力交接必然導致爭奪和屠戮，蕭繹開始屠殺那些可能會對他繼位造成威脅的兄弟子姪們，其中就包括蕭衍的嫡長孫，鎮守長沙的蕭譽。

蕭繹派大軍攻陷長沙，殺掉蕭譽。之前，蕭譽的弟弟蕭詧鎮守在襄陽，發兵救哥哥，也被蕭繹擊敗。看到自己隨時面臨被屠戮的危險，又無力進行抵抗，蕭詧就連同襄陽一起歸降了西魏。

後來蕭繹擊殺侯景，平定了「侯景之亂」，一連串的勝利讓蕭繹開始自我膨脹，開始橫挑北邊的強鄰西魏，結果自然是「自作孽，不可活」，西魏大舉南征，很快就攻陷江陵，擒獲了自大的蕭繹。

西魏把蕭繹交給蕭詧處置，面對這樣的毒蛇叔父，蕭詧自然也沒有手軟，用麻袋把他給壓死了。蕭繹的死確實沒什麼好可惜，但他在江陵城破前做的一件事，卻造成中國文化史上的極大的損失，他將梁武帝蕭衍耗費近半個世紀心血收藏的十四萬冊珍貴典籍，一把火全部焚毀，其中很多是絕版珍本、孤本，實在是太可惜了。

蕭詧在西魏的支持下在江陵繼位南梁皇帝。但是蕭繹手下有個大將王僧辯，拒絕承認蕭詧這個傀儡皇帝，改立梁武帝蕭衍的姪子蕭淵明為皇帝。再後來王僧辯手下的大將陳霸先，殺死王僧辯，驅逐蕭淵明，又改立蕭方智為南梁皇帝，最後索性連蕭方智也殺掉，自己做起了皇帝，改國號為陳，這就是史稱的南陳。

此時的蕭詧僅僅統治著江陵這一小塊土地，作為北周的尾巴國繼續存在著，史上稱之為西梁（也稱後梁）。西梁後來又歷經了兩代，分別是明帝蕭巋和靖帝蕭琮，西元五八七年，隋文帝楊堅廢除西梁，西梁因此而滅亡，共存世三十二年。

蕭銑就是西梁開國皇帝蕭詧的曾孫，但到蕭銑這一輩基本就沒落了，史書上記載蕭銑家裡很窮，但他為人很孝順，「事母至孝」，又很愛讀書。後來隋煬帝楊廣繼位，因為楊廣的蕭皇后是蕭銑的堂姑，蕭銑也就以外戚的身分被封為羅川（今湖南湘陰縣）令。

蕭銑在羅川當著一個小小的縣令，愛讀書、守孝道，當朝皇后又是自己的堂姑，如果此時天下太平，胸有大志的蕭銑將來封侯拜相也未可知。但恰逢亂世，群雄逐鹿，身為皇室後裔，而且西梁失國不遠，父輩還仍然是皇帝的蕭銑，猜想他的夢想就不僅僅只是當個將相，在他心裡一定埋藏著一個光復西梁、位居九五的皇帝夢。

但是此時的蕭銑還遠遠達不到聚眾起兵，甚至割據稱帝的實力，他只是一個小小的縣令，一沒有土地，二沒有兵力，既不是李淵、王世充這樣手握重兵的一方諸侯，又不是竇建德、孟海公這樣的綠林好漢、地方豪強，也不是劉武周、李軌這樣的領兵武將、當地門閥。但這個時候上天給了他一個機會，讓他能夠快速地擴張實力。

隋煬帝大業十三年（西元六一七年），在離羅川不遠的岳州（今湖南嶽陽市），岳州校尉董景珍、雷世猛，旅帥徐德基、郭華、張繡等人一起商量，想趁此時天下大亂，占據岳州共舉大事。這裡面董景珍職務最高，於是大家都推舉他做首領。董景珍覺得自己出身寒微、資望不夠就推辭了。

蕭銑家世圖譜

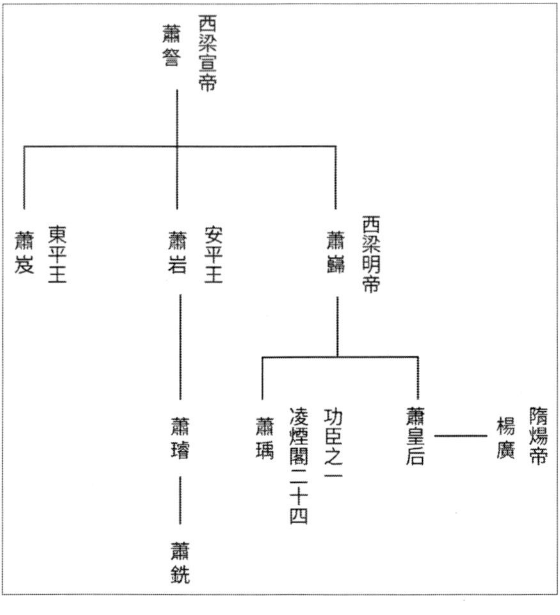

董景珍推薦了蕭銑。他對眾人說：「羅川令蕭銑是梁室後裔，為人至孝，寬仁大度，頗有梁武帝遺風。而且我聽說帝王的興起，老天一定會有所暗示，隋朝冠帶（一種禮儀，也借指官員）都稱為『起梁』，這就是蕭氏中興的徵兆，我們一起推他為首領，應天順人，必成大事。」

於是，董景珍便派人到羅川告知蕭銑。蕭銑接到通知後當即允諾，並回覆了一封慷慨激昂的書信：「我先君一心侍奉隋朝，一直盡心盡力，但隋朝併我土地，滅我宗室，每每想到這事我都痛心疾首，無時無刻不想洗雪這個恥辱。如今上天指示各位，舉義反隋，重續我梁朝正統，我梁室先帝一定會福佑大家，讓我們一起行動吧！」隨後蕭銑也於羅川招兵買馬，以「討賊」的名義聚眾起兵，實則是響應董景珍。

從蕭銑的起兵就可以看到，雖然他被董景珍等人推薦為首領，但大家只是想借用他皇室後裔的名號，以及蕭梁氏在荊楚大地的名望來收附民心。換句話說，這些人都不是蕭銑的「自己人」，同富貴猜想可以，共患難則不一定了，這也為蕭銑最後的失敗埋下了伏筆。

沒過多久，蕭銑這個「討賊」的名義就打不下去了，還沒等他開始「討」呢！

賊就自動找上門來了。

潁川郡（今河南禹州）的賊寇沈柳生，率領人馬一路南下，進犯羅川縣。此時的蕭銑僅僅占據著一縣之地，兵微將寡，根本抵擋不住在中原經受過戰火洗禮的沈柳生，看來這個賊是沒法討了，乾脆直接和屬下攤牌，改討賊為起義。十月，蕭銑在部屬的擁立下，自稱梁公，起兵反隋。

蕭銑樹起反隋大旗後，第一個歸附之人就是沈柳生，看到這麼一支經過戰火考驗的義軍來投，蕭銑非常高興，任命沈柳生為車騎大將軍，總攬軍事。實力大增的蕭銑傳檄梁之故地，不到五天，附近郡縣都爭相歸附，很快人馬就達到了數萬。小小的羅川縣已經容不下這麼龐大的隊伍了，於是，蕭銑便率領部屬前往岳州，與董景珍匯合。

蕭銑派遣沈柳生率領所部兵馬先行出發，負責前導，他自己帶領大部隊作為中軍，緊隨其後。誰知道就是這樣很正常的行軍安排，竟然出了大問題。

董景珍聽說梁公來了，派遣徐德基、郭華等數百人前去迎接，當然首先碰到的就是身為前導的沈柳生，結果壞就壞在這個首附之人沈柳生身上。沈柳生看到岳州兵馬強盛，就動了歪腦筋，他與心腹部下商議說：「梁公起兵的時候，我是第一個歸附之人，按理說功勛肯定是位居第一。但現在看來，岳州兵強馬壯、兵精將廣，他們肯定不願意位居我之下，不如趁他們未做準備，殺掉徐德基等人，然後挾持梁公進占岳州，併其兵馬，到時候我就是首功之人了，沒有人會比我的地位更高了。」

說做就做，沈柳生殺死徐德基後，前往中軍稟告蕭銑，並和盤托出他的作戰計畫。發生了這麼大的事情，蕭銑感到非常吃驚，剛開始就產生內訌，今後還可以一起愉快地共事嗎？他厲聲對沈柳生說：「身處亂世，我們應該團結一致，共同撥亂反正，現在一開始就自相殘殺，還能成什麼大事？我當不了你們的君主了！」隨即走出軍門。沈柳生害怕了，趕緊伏地請罪，蕭銑將沈柳生訓斥一番後原諒了他。

蕭銑原諒了沈柳生，但董景珍不可能饒恕他。進城後，董景珍對蕭銑說：「沈柳生擅自殺害徐德基，如果就這樣隨便原諒了他，以後還怎麼治理國事。而且像沈柳生這樣的強盜出身，江山易改、本性難移，如果不誅殺這樣的凶狠之徒，今後共處一城，肯定會禍患無窮。」蕭銑採納了董景珍的意見，下令斬殺沈柳生，沈柳生的黨羽都潰散而去。

什麼事都還沒做呢！就因為內訌折損兩員起兵的將領，逃散了許多士兵，而且軍隊內部必然因此產生裂痕。蕭銑的隊伍不好帶啊！

當月，蕭銑在岳州城南築壇，焚香禱告上天，自稱梁王。現在看來一片歌舞昇平，似乎沈柳生事件的影響被徹底遺忘了，但只能說事業初興，一切都跟烈火烹油、鮮花簇錦似的，大家都忙著分封賞賜，加官晉爵，很多矛盾都被眼前的利益給掩蓋住了。

武德元年（西元六一八年）三月，蕭銑更進一步，在岳州自立稱帝，建立梁國，並按照梁朝舊例設定官署，大封群臣。只用了一年時間蕭銑就復國成功，重續梁室，然後是大封群臣，將董景珍、雷世猛、張繡等都封為王爵，招岑文字為中書侍郎，委以詔令文書等機密重託。

稱帝後的蕭銑開始傳檄四方，詔討天下。四月，蕭銑派遣張繡南下攻取嶺南（現今的廣東、廣西地區），交趾（今越南北部）太守丘和、欽州刺史寧長真等紛紛獻城投降。隨後，蕭銑又派兵東向，擊敗割據江西的林士弘，占領了豫章郡（今江西省南昌市），拓地千里。

當然，對於蕭銑來講，他的夢想是恢復祖業，重建西梁，江陵故都則成為他最主要的目標。沒過多久，蕭銑統率大軍沿著長江一路西進，兵鋒所向，望者披靡，很快就達成心願，奪取了祖宗基業——江陵，並將都城由岳州遷至江陵。

此時的蕭銑意氣風發，他開創的梁國也達至最強盛時期，西起三峽，東到九江，南達越南，北至襄漢，比西梁國僅占有的江陵一郡不知大了多少倍，而且兵多將廣，主力作戰部隊人數達到四十餘萬。

## 二　王孫公子嘆無緣

遷都江陵後，野心勃勃的蕭銑繼續西向，他看上了「天府之國」——巴蜀。

武德二年（西元六一九年）八月，蕭銑溯江而上攻擊唐朝的峽州（今湖北宜昌），被峽州刺史許紹擊敗。沒過多久，不甘心失敗的蕭銑派出大軍再次攻擊峽州，準備入圖巴蜀，但仍被許紹擊敗。

武德三年（西元六二〇年）三月，李淵開始反攻，因為此時薛舉父子、李軌已相繼平定，關中形勢基本穩定，劉武周、宋金剛也被李世民打得節節敗退、瀕臨滅亡。

李淵詔令趙郡王李孝恭和李靖帶兵進攻蕭銑，但是之後，由於李世民帶兵征討王世充，中原戰場戰事膠著，李孝恭、李靖未能展開進一步的攻擊。

## 梁國內亂

雖然由於中原戰事興起，李孝恭、李靖這次征討蕭銑草草收場，沒有收到成效，但沒想到此時的梁國自己內部卻出了大問題，之前埋下的諸多隱患全部開始顯現。

前文提到過，蕭銑起兵的時候，手下主要將領，比如岳州的董景珍、雷世猛等基本上都不是「自己人」，而且還出現沈柳生斬殺徐德基這樣惡劣的事件，雖然立國稱帝後的大加封賞一時掩蓋住了內部矛盾，但遲早是會爆發的。

隨著時間的推移，蕭銑對這些「非自己人」的將領越來越難以控制，為了防止他們擅兵專權，威脅到自己的統治地位，蕭銑想到了一條「妙計」，那就是進行裁軍。

武德三年（西元六二〇年）十一月，蕭銑宣布削減兵員，讓他們回鄉務農，他以為靠這一招可以剝奪手下將領的兵權。真不知道這條計策是誰替他想出來的！身逢亂世，四周都是如狼似虎的割據諸侯，大家都在努力招兵買馬，擴充實力，蕭銑卻反其道行之，進行裁軍。

如果蕭銑的本意是削奪將領的兵權，確保自己的統治穩固，那麼其實只需要拿幾個出頭的將領開刀，或殺或免，以儆效尤，或者將擅權將領的兵權收歸己有，這樣做都可以達到他想要的目的，完全沒必要「裁兵務農」，因為這很容易造成軍心不穩。恰逢亂世，很多人從軍一則為避禍，二則為謀生，你將這些「職業」軍人裁員，相當於打破了他們的鐵飯碗，必然心生怨念，如果別有用心的人一煽動，很容易引起兵變。

而事情的發展也確實與蕭銑的願景背道而馳。大將董景珍的弟弟對於蕭銑裁軍的做法非常不滿，就煽動士兵謀圖作亂，但行事不密，被蕭銑得知後給殺掉了。

因為董景珍手握重兵，鎮守長沙，蕭銑怕他為弟弟報仇，起兵作亂，就寫了一封赦免他的信，想將他召到江陵來。董景珍肯定不能上這個當，去到江陵那還不是要殺要剮隨您了。董景珍於是派遣使者前往李孝恭處，表示願意歸降唐朝，共同攻擊蕭銑。

李淵收到董景珍希望歸降的消息後詔令峽州刺史許紹出兵接應。而許紹也確實僅僅是「接應」了一下，出兵攻占荊門鎮，但後來也不打了，只是緊守住峽州。

大家也許會好奇，面對這麼好的機會，李淵為什麼只是讓許紹「接應」，為什麼不命令李孝恭、李靖大舉進兵，與董景珍前後夾擊，迅速平定蕭銑呢？

從前文我們知道，武德三年（西元六二〇年）是唐朝建立後非常關鍵的一年。四月，剛剛平定劉武周、宋金剛；七月，與王世充的鄭國展開中原大戰，戰事曠日持久，因為涉及中原地區的歸屬，對今後唐朝國勢的走向有著決定性影響。李淵在這場關鍵戰役中投入了大量的戰鬥兵員和將領，像屈突通、秦叔寶、程知節、李勣、羅士信等大將都跟隨李世民出征。

戰事的後期，王世充更是求援竇建德，王、竇二人已經形成事實上的同盟，準備裡應外合，共同應對李世民的進攻。這個時候李淵別說是發大軍征討蕭銑了，能夠守緊門戶抵禦住蕭銑的進攻都算不錯了。

不過正是由於董景珍的反叛，蕭銑也沒有精力去攻打李孝恭、入圖巴蜀，要不然的話，相當於同一年，李淵要橫挑王世充、竇建德、蕭銑三大強勁對手，那可真是夠熱鬧的。

聽到董景珍叛降唐朝，蕭銑派遣張繡攻打董景珍。張繡是和董景珍一塊在岳州起兵的老戰友，董景珍就用漢高祖劉邦殺彭越、韓信，兔死狗烹的典故勸喻張繡。

張繡沒有回應老戰友，繼續帶兵圍城。因為沒能得到唐朝足夠的支持，董景珍不能支撐，兵敗後帶領潰眾突圍而走，隨後被其部下殺死。不過，對老戰友痛下殺手的張繡結果也不好，因為平叛有功，張繡居功自傲，被蕭銑找了個機會給殺掉了，還真應了兔死狗烹這個典故。

經過董景珍和張繡事件後，梁國內部裂痕重重，君臣將領之間貌合神離，相互猜忌，國勢也就一天天衰弱下去了。

## 江陵之戰

武德四年（西元六二一年）二月，李靖獻上十條平蕭銑的計策，同時，唐朝的各項伐梁準備工作也在陸續展開。李淵任命李孝恭為夔州總管，大造戰船，訓練水軍，同時在巴蜀地區大量徵兵，做好伐梁的軍事準備；又任命李靖為行軍總管，兼任李孝恭的長史（相當於總參謀長），全面掌管軍事工作。

十月，在完成各項準備工作和平定王世充、竇建德之後，李淵下詔征討蕭銑，並分四路大軍同時展開進攻。

第一路，任命李孝恭為荊湘道行軍總管，李靖為行軍長史，從夔州（今重慶奉節）沿長江順流東下；第二路，任命廬江王李瑗為荊郢道行軍元帥，由湖北襄陽南下江陵；第三路，詔令黔州刺史田世康取道辰州（今湖南懷化），北擊蕭銑。第四路，詔令黃州總管周法明由夏口（即今湖北武漢）溯江西進。

騰出手來對付蕭銑的李淵，這次是志在必得，四路大軍分東西南北四個方向展開圍攻，當然，主力攻擊部隊是李孝恭、李靖的西路軍。

當月，長江正值漲大水，從巴蜀出川經水路到湖北，一定要經過長江三峽，漲大水時節在天險三峽水路行軍，危險係數是相當高的。

眾將領於是請求等長江水退後再進軍，但李靖不同意，他對李孝恭說：「兵貴神速，現在我們的兵力剛剛調集完畢，蕭銑還矇在鼓裡，而且現在是漲潮時節，蕭銑更難以料到我們會在這個時候發起攻擊，肯定未做任何防備。如果我們出其不意，迅速進軍至江陵城下，必能生擒了蕭銑。」李孝恭聽從了李靖的意見，率領二千多艘戰船順江東下。

正如李靖所說，蕭銑因為長江發大水，未作任何防備，李孝恭軍很快便攻克了夷陵、宜都二鎮（今屬湖北宜昌）。蕭銑派遣數萬精兵駐紮在清江口，抵禦唐軍，但被李孝恭擊敗。唐軍一路東進，很快兵臨江陵城下，在長江的南岸紮下營寨。

蕭銑沒想到裁軍務農的後果這麼快就展現出來，梁軍一潰千里，唐軍兵臨城下，這個時候江陵城裡只有區區幾千名守城士兵。

看到唐軍壓境，驚慌失措的蕭銑才想起徵兵，但這些士兵大部分都在江左和嶺南，路途遙遠，倉促之間很難及時趕到。蕭銑只能將手頭現有的所有兵力集中起來，迎戰李孝恭，寄希望於擊退唐軍，然後固守待援。

李孝恭也看出來蕭銑的打算，因而準備迅速出擊，想一戰擊潰蕭銑。李靖卻勸阻道：「蕭銑在這麼短的時間裡，肯定沒有做好詳細的作戰計畫，這個時候如果我軍主動攻擊，敵人只能拚死抵抗，楚兵又剽悍勇猛，拚死一搏的話還真不易抵擋。我們不如暫緩進攻，等待守軍兵力分散、鬥志鬆懈，再乘勢發起進攻，這樣一定能夠取勝。」

李孝恭沒有聽從，帶領大隊人馬出戰，果然戰敗，只有退還長江南岸。蕭銑的部隊在取勝後不進行追擊，而是去哄搶唐軍丟下的軍資器械。留守大營的李靖看到這個情況，敏銳地抓住梁軍陣容紊亂的有利時機，率軍猛攻。梁軍大敗，李靖乘勝攻入江陵外城，將江陵城團團圍困。

在攻占江陵外水城的時候，唐軍繳獲大批船艦，李靖讓諸將領把所獲船艦散棄於長江，讓它們順江漂走。大家都很不理解，認為繳獲的戰利品，應當好好利用，這樣散棄掉，那不就等於幫助敵人了嗎？

李靖對諸將解釋道：「蕭銑的地盤很大，南到嶺南，東到九江，現在蕭銑困守孤城是因為手下的兵太少了，但他已經徵召各地的援兵了。我們放棄這些船艦，讓它們順江而下，那些應徵援軍在路途上見到了，肯定會疑心江陵城是否已被攻破，一疑心他們就不敢輕易進軍，會派出人馬打探，這樣我們就會獲得充足的時間來攻取江陵城。」

事情果然被李靖說中了。蕭銑各地的援兵見到長江上散落的船艦，果然猶豫不決，紛紛停止前進，駐足觀望。

本來這個時候還有一支部隊能夠解蕭銑的燃眉之急，那就是交趾太守丘和和長史高士廉率領的交趾兵團，但是他們走到半道上，得知蕭銑節節失利，困守孤城後，連江陵城都沒有進，直接跑到李孝恭軍前投降了。

丘和是唐將丘行恭和丘師利的父親，大業末年被隋煬帝楊廣任命為交趾太守。隋煬帝被弒後，由於路途遙遠，資訊不發達，丘和遲遲沒有收到消息。

蕭銑派人前來招降，丘和一直沒有同意，於是蕭銑派兵征討，但被丘和的長史高士廉打得大敗而逃。後來丘和收到隋煬帝已死，隋朝已亡的消息，打算投降李淵，但因為山高水遠無法聯繫上，就權且依附了蕭銑。

高士廉是李世民長孫皇后的親舅舅。長孫皇后的父親、隋右驍衛將軍長孫晟，在長孫皇后八歲的時候就過世了，高士廉將長孫皇后撫養長大，可以說他們之間的關係已經遠遠超過甥舅關係，幾乎相當於父女關係。

可以看出，丘和、高士廉與李淵、李世民之間的關係實在是太緊密了，他們依附蕭銑完全是權宜之計，只要時機得當，肯定會背棄蕭銑投唐而去。但這一權宜就是近四年的時間，讓人不能不懷疑，這是李淵和丘和、高士廉之間達成的某種默契和協定，因為過早地暴露叛梁投唐的意圖，肯定會招來蕭銑瘋狂的圍剿，在時機不成熟的情況下，很容易得不償失。

## 王孫公子的覆滅

李孝恭、李靖包圍了江陵，此時的蕭銑困守孤城、內外交絕，已經沒有任何辦法扭轉時局了，岑文字就勸他投降。

看到局面已無法挽回，蕭銑對他的大臣們說：「上天不保佑我梁室，現在已經無法再支撐了，如果再打下去，受到傷害最大的還是老百姓，不能因為我一個人的緣故讓百姓遭受厄運。」

十月底，蕭銑在太廟祭告祖先後開城出降，守城軍民無不痛哭流涕。蕭銑帶領群臣，身穿喪服來到唐軍營門前，並對李孝恭說：「要殺就殺我蕭銑一個，老百姓沒有罪，希望不要屠殺搶掠。」李孝恭就將蕭銑押送長安交由李淵發落。

唐軍進城後，將領們都想縱兵搶掠，岑文字勸李孝恭說：「江陵的百姓，從隋末以來，飽受戰禍之苦，十室中難以生存一室。他們都期盼賢明的君主出現，好讓他們可以從此安定下來，這也是他們歸降大唐的原因。如果縱兵搶掠，恐怕梁國其他未歸附的地區，就會拚死抵抗。」李孝恭認同了岑文字的意見，立即下令禁止搶掠。

後來，諸將領又想殺死那些誓死抵抗的梁國將士，並抄沒他們的家產，用來賞賜唐軍，但又被李靖阻止，於是江陵城中秩序井然，唐軍秋毫無犯。其他未歸附的州縣聽聞後，紛紛上表請降。幾天後，那些從各地匆匆趕來赴援蕭銑的十幾萬梁軍，看到蕭銑已降，也都自動放下武器投降了。

蕭銑被送至長安後，李淵斥責蕭銑的罪責。蕭銑也不愧是皇室子孫，回答得不卑不亢、氣節凜然：「隋失其鹿，天下共逐之。銑無天命，故至此；若以為罪，無所逃死！」毫不屈服的蕭銑也惹惱了李淵，被李淵下令在鬧市中斬殺。

僅僅不足一個月的時間，立國近五年的蕭銑就兵敗身死，讓人真是意想不到，不過李淵這次對蕭銑的處理卻沒有展現出一位帝王應有的大度。面對這麼一位仁孝的皇族後裔，因為體恤百姓，放棄抵抗舉城來降，而且蕭銑以前和李淵並無深仇大恨，唐、梁兩國也並未大動干戈，李淵就因為蕭銑不肯屈服而殺掉了他，確實不太應該，蕭銑真的死得挺可惜的。

可憐公子與王孫。無天命，嘆無緣的蕭銑，他的失敗其實在起兵之初就已經注定了，雖然他是皇室後裔，但並沒有表現出能夠建立宏圖大業的能力和實力。

首先他沒有牢牢掌控他的將領和部隊。那些手握重兵的將軍們並不是他的親信，這對一位帝王來講是非常致命的。雖然後來他殺董景珍、張繡等，試圖掌握軍權，但效果並不好，只能採取「裁軍務農」這種近乎自殺的方式，來削奪那些擅權將領的兵權。很快這種做法就產生惡果，在李孝恭、李靖大舉進攻江陵的時候，他手頭根本就沒有足夠的兵力進行抵抗，從其他地方調兵也已經是遠水解不了近渴了。

其次是沒有效忠自己的武裝力量和親信之人。蕭銑分封的王基本上是異姓王，是岳州小圈子成員，而且都手握重兵，但這些人對蕭銑未必忠誠。那麼蕭銑的親信或者說蕭氏族人都到哪裡去了呢？要知道蘭陵蕭氏除了是皇族之外，更加是世家大族、地方門閥，而且在南北朝及隋唐時期人才鼎盛，比如蕭瑀，就是蕭銑的族叔，但可惜的是他為李淵效命。

平定了梁國之後，華北、中原、江漢、嶺南已經連成一片，加上關隴和巴蜀，大半個中國已在唐朝的控制之下。而且隨著李密、王世充、竇建德、蕭銑的失敗身死，李唐王朝一統天下最強勁的四個對手也被一一掃清。歷史也是挺有意思的，這四個對手分別對應四種不同類型的人，蕭銑是皇族後裔，李密是貴族世家，王世充是士族官宦，竇建德是寒族子弟，而歷史在這個特定的階段最終選擇的仍是以李淵為代表的關隴集團。

到目前為止，唐朝只剩下江南和華南等少部分地區還沒有實現統一，可以說形勢一片大好。但很多事情不可能一帆風順，中間都會有反覆的過程，這個時候，河北就出現了嚴重的反覆，阻滯了唐朝南下江南，進而一統天下的歷史步伐。

# 第十二章　河北的最終平定

在剷除掉最主要的四個競爭對手，奪取大半個中國，統一曙光初現的時候，竇建德的舊將劉黑闥在河北突然發難，內部召集竇建德舊部兵連徐圓朗，外部勾結突厥，先後擊敗了李勣、李神通等眾多大唐戰將，很快便席捲了整個河北。

劉黑闥的凜冽兵鋒、囂張氣焰使得李淵不得不分兩次派出秦王李世民和太子李建成予以征剿，歷時近兩年，直到武德六年（西元六二三年）初，才徹底平定河北。

## 一　李世民一征劉黑闥

劉黑闥，貝州漳南人，是竇建德的正宗同鄉，而且兩人還是兒時玩伴，從小一塊玩泥巴長大，感情不是一般的好。劉黑闥家裡窮，又酷愛賭錢，輸了錢還經常耍無賴，很有點兇悍刁鑽的感覺。不過，一般來講，愛賭錢的人膽子都頗大，喜歡投機取巧、冒險刺激，劉黑闥就具有這種典型的賭徒性格。

後來天下大亂，義軍蜂起，劉黑闥投奔了山東義軍首領郝孝德。膽大的劉黑闥作戰勇猛，很得郝孝德信任。沒過多久，郝孝德被隋朝大將張須陀擊潰，劉黑闥又歸降了李密，同樣由於勇猛善戰、悍不畏死，被李密任命為裨將，成為一員瓦崗戰將。李密戰敗後，劉黑闥投降了王世充，被王世充委以重任，出鎮鄭國的「邊疆重鎮」——河南新鄉，但沒過多久，劉黑闥就棄王世充而去，率眾投奔了他的兒時玩伴——夏王竇建德。

### 夏王的神勇大將

關於劉黑闥投奔竇建德，歷史上有兩種說法：一是因為劉黑闥不齒於王世充的奸詐所為；二是因為李勣在被竇建德俘獲後，時刻想著回歸大唐，在走之前為了報答竇建德不殺之恩，率軍攻打王世充的新鄉，抓住劉黑闥獻給了夏王。

我覺得這兩種說法都有問題。兇悍刁鑽的劉黑闥應該沒這麼高的覺悟，他比王世充的為人也好不到哪裡去。而這個時候的李勣也打不過劉黑闥，因為在後來劉黑闥起兵反唐的時候，李勣根本不是劉黑闥的對手，被打得大敗而逃僅以身免，更別提這個時候做了竇建德俘虜的李勣了。

看到自己的兒時玩伴來投靠，竇建德自然非常高興，立刻封劉黑闥為漢東公、大將軍。

這麼一數，劉黑闥效力過郝孝德、李密、王世充、竇建德四位首領，而且都身領要職，可以看出劉黑闥確實是個膽子大、臉皮厚的投機分子。但他也確實有實力、有能耐，勇猛善戰，又由於在李密、王世充這些「雄主」手下混過，養成了圓滑險詐的性格。

每當竇建德有所征戰的時候，都會派遣劉黑闥進入敵營刺探軍情，而每一次劉黑闥都能憑著能耐和各種手段摸清敵人虛實，也每每乘敵不備，攻敵不意，擊敗眾多對手，收服眾多兵馬，由於戰果豐碩，竇建德軍中都稱劉黑闥為「神勇大將軍」。

武德四年（西元六二一年）五月，竇建德在虎牢關被李世民俘獲，夏國覆滅。這一次我們的「神勇大將軍」沒有選擇投降，而是跑回了老家漳南種菜鋤地，從此閉門不出。

故事如果到此為止，劉黑闥也算功德圓滿了，不說別的，經年的四處征剿，收穫肯定是頗豐的，從一個破落戶變成一個土財主，人生的轉變也是相當大的。但是劉黑闥的故事到此不但沒有完結，反而因為李淵的一紙詔令，以及一句「劉氏吉」的卜卦又將他推到反唐的最前沿，在此時天下大勢已漸趨明朗，唐祚將興的時候，處在風口浪尖的劉黑闥會如何下注呢？

## 賭一把大的——劉黑闥起兵反唐

七月，李淵下令將竇建德處死。其實李淵的這一決定是值得商榷的，因為竇建德的兵敗被俘來得太突然，甚至可以說有點意外，而且是在遠離夏國的虎牢關被擊敗的。此時的夏國本土，也就是河北，還盤踞著眾多竇建德的舊部，整個河北的形勢也並未完全安定。此時李淵殺竇建德說起來不是最好的時機，很容易引起竇建德舊部屬的不安，激起兵變。

而幾乎在殺竇建德的同時，李淵又下令徵召竇建德舊將范願、高雅賢、董康買等人到長安。這下范願等人坐不住了。

先斬殺竇建德，後徵召他的舊部去長安，明眼人都能看得出來肯定沒什麼好事。經過商議，范願等人都認為去也是死，不去也是死，反正橫豎都是個死，不如舉兵反唐，說不定還有一線生機；而且，此時河北夏王竇建德的影響力及門生故舊還有存續，打著為竇建德復仇的口號一定能獲得響應。

范願、董康買等人決定起兵，既然起兵那肯定要選一個首領，透過占卜，卜卦說「以劉氏為主吉」。范願等人於是找到竇建德之前的舊將劉雅，並把來意和他一說；但劉雅認為天下已經太平，再起事就是自取滅亡而沒有答應。范願等人怕劉雅洩露了機密，就把劉雅給殺了。

開弓沒有回頭箭，首領還得繼續找。這個時候范願想起了在漳南隱居的「神勇大將軍」劉黑闥，他們就跑到漳南，找到正在地裡種菜的劉黑闥，並告訴他卦卜顯示「劉氏當王」，想推舉他做首領，大家一齊起兵反唐、共謀富貴。劉黑闥聽了後非常高興，沒有任何遲疑就答應了范願等人的請求。膽大、愛冒險的賭徒劉黑闥毫不猶豫地走上了賭桌，且押上了全部的身家性命。

很快，劉黑闥就拉起了一支幾百人的隊伍，並且一舉攻破漳南縣和鄃縣（今山東省夏津縣），大敗前來平叛的唐朝守將。此時，聽聞劉黑闥起兵反唐，竇建德的很多舊部都紛紛跑來投效，於是劉黑闥在漳南設祭壇，祭祀竇建德，打著為夏王報仇的旗號招募舊眾，正式起兵反唐。

劉黑闥也不愧為「神勇大將軍」，他四處出擊取得一系列戰鬥的勝利，獲得了豐厚的戰果：一是基本恢復了竇建德時期的夏國地盤，二是擊敗、擊殺了唐廷一眾負責征剿的名將、大將。

而且劉黑闥不是一個人在戰鬥，他還將山東義軍首領徐圓朗拉進了這個賭局，雙方兵勢相連，共同出擊，使得整個河北和山東沸反盈天，並且大有挺進中原，逐鹿天下之勢。

基本恢復了夏國領地。八月，攻陷歷亭（今山東省武城縣）、深州（今河北省衡水市）；九月，攻陷饒陽；十月，攻陷瀛州、觀州（今屬河北省滄州市）；十一月，攻陷定州。

十二月，招降趙州、魏州，攻陷冀州、邢州、莘州、洺州。在攻克洺州後，劉黑闥恢復了夏國首都，並在洺州城的東南方祭告竇建德。隨後，劉黑闥兵鋒南指，攻入河南境內，連克相州（今河南安陽一帶）、衛州（今河南新鄉、鶴壁等地）和黎州，窺視中原腹地。

也就用了不到半年的時間，劉黑闥便全部恢復了竇建德原先的地盤，兵勢熾盛，突厥的頡利可汗也派出人馬來援助劉黑闥。

擊敗、擊殺眾多大唐名將。九月，淮安王李神通與燕王羅藝兩路夾擊劉黑闥。結果在饒陽城南兵力遠少於李神通的劉黑闥，將李神通打得大敗，棄城而走。在擊潰了李神通後，劉黑闥馬不停蹄回軍進攻駐紮在藁城（今河北石家莊藁城區）的羅藝，羅藝不敵，只好退軍逃返幽州。

此戰，劉黑闥不但擊潰了李神通、羅藝的聯軍，還生擒了薛萬均、薛萬徹兩兄弟。

薛氏兄弟就是隋朝大將薛世雄的兒子，勇武過人、能征善戰，他們還有另外兩個兄弟名叫薛萬備、薛萬淑，都是萬人莫敵的勇將，薛氏一門五將星，在隋唐時期也是無人出其右了。

但這次戰鬥卻成為薛萬均、薛萬徹兩兄弟一生征戰史中的奇恥大辱。劉黑闥抓住他們後，為了羞辱大唐，將兩兄弟剃光頭髮放了回去。要知道古時候的中國，身體髮膚受之父母，被人剃光頭髮，那簡直比砍頭還難以接受。

更有意思的是，薛氏兄弟的父親薛世雄就是在河北被夏王竇建德擊潰後鬱鬱而終的，而薛氏兄弟現今又在河北被曾經的夏王部屬劉黑闥擊敗，遭受平生未受的奇恥大辱，父子兩代人在同一個地方輸給竇建德君臣，歷史有時候真的是很有趣。

十一月，劉黑闥攻陷定州，殺死了定州總管李玄通。

時間來到十二月，此時的劉黑闥兵勢更熾，陷冀州，進逼宗城（今屬河北邢臺），與黎陽總管李勣展開大戰，結果李勣不敵，棄城退保洺州。劉黑闥率軍猛追，又攻破洺州，李勣全軍覆沒僅以身免。隨後，劉黑闥挺進河南，唐朝大將秦武通、程名振等難以抵禦都逃歸了長安。

第二個賭徒——徐圓朗。徐圓朗，魯郡人（今山東兗州人），隋煬帝大業十三年（西元六一七年）在兗州聚眾起義，之後投靠瓦崗軍，與李密一起圍攻東都洛陽。李密兵敗投唐後，徐圓朗投靠了王世充，後又脫離王世充投降唐朝，被李淵封為兗州總管。竇建德進攻虎牢的時候，徐圓朗又叛唐並跟隨竇建德一起攻打虎牢關。竇建德兵敗被俘後，徐圓朗再次投降唐朝，仍舊被李淵封為兗州總管。

看到徐圓朗這份經歷豐富的履歷表，大家是不是只能無奈地搖搖頭，真是一個十足的投機賭徒啊！當時天下的雄主，徐圓朗一個也沒漏掉都依附過，猜想在隋末群雄中也就他一人了。

劉黑闥起兵反唐後，派人暗中聯繫勸降徐圓朗。李淵得到消息後派遣盛彥師前去安撫，但盛彥師走到任城的時候，就被徐圓朗給逮捕了，徐圓朗也正式在山東起兵反唐響應劉黑闥了。

之後，劉黑闥占據河北，進攻河南，兵鋒直指中原大地。徐圓朗也起兵進攻虞城（今河南商丘市虞城縣）。虞城在河南省東部，徐圓朗一旦攻破虞城將和劉黑闥形成北面和東面兩面夾攻中原腹地之勢，對唐朝造成極大的軍事壓力。

被徐圓朗俘虜的盛彥師就是虞城人，他的弟弟此時正在虞城負責守衛，徐圓朗就讓盛彥師寫信勸降他的弟弟。盛彥師當著徐圓朗的面寫了一封信：「吾奉使無狀，為賊所擒，為臣不忠，誓之以死；當善待老母，勿以吾為念。」

什麼意思呢？就是我要誓死盡忠報國了，你好好守城，好好照顧老母親，別掛念我的生死安危。好在徐圓朗被盛彥師的氣節所打動，不但沒有殺盛彥師，反而更加地優撫厚待他。

盛彥師就是前文介紹的力排眾議、冷靜分析，在熊耳山一舉伏殺李密的熊州行軍總管。不過，這樣一位跟隨李淵晉陽起兵，忠貞勇猛、足謀善斷的勳臣大將，卻在武德五年（西元六二二年）初，受王薄、李義滿事件牽連，被李淵下令處死。

事情的經過大致是這樣的：盛彥師率領齊州總管王薄攻打須昌的時候，潭州刺史李義滿因與王薄不和，拒絕調派軍糧。盛彥師下令逮捕了李義滿。沒想到憂憤鬱悶的李義滿死在了牢裡，而他的姪子李武意遷怒於王薄，在王薄回軍路過潭州的時候襲殺了王薄。一下子死了兩員戰將，李淵下令追究，盛彥師就因為此事被處死。這是後話。

再說盛彥師被徐圓朗俘虜後，李淵又派遣任瓌出任大使前去安撫，並在虞城打退了徐圓朗的進攻。徐圓朗雖然在虞城進展不利，但劉黑闥在這段時期取得了輝煌的戰果。

猜想連劉黑闥自己都沒能想到，他不但恢復了全部夏國的地盤，招降了山東的徐圓朗互為犄角，更是擊敗了李神通、李勣、羅藝、薛萬均、薛萬徹、李玄通、秦武通、程名振等一眾唐朝大將，名震天下，可謂是達到個人軍事生涯的巔峰。

武德五年（西元六二二年）一月，春風得意的劉黑闥自稱漢東王，定都洺州，並恢復夏國所有文武百官和政府架構。雖然政府架構和官署設定完全效仿竇建德，但劉黑闥不像竇建德那樣寬容仁慈，他作戰比竇建德更加勇猛果決，為人也更加狠辣。

軍事上無往不利、開疆拓土，政治上自立稱王、組建政府，這個時候的劉黑闥看起來賭對了，也賭贏了。他下的重注此時獲得了豐厚的回報，由一個返鄉的農民變成與李淵分庭抗禮、割據一方的漢東王，甚至將來逐鹿中原、爭霸天下也未可知。

但是，賭徒劉黑闥的風光時刻沒能維持太久，因為很快他將面臨一個強大的對手——秦王李世民。

## 洺水之戰

武德五年（西元六二二年）一月，李世民率領南路大軍進駐獲嘉（今河南新鄉）。劉黑闥多次派兵前來挑戰，都被李世民採取堅壁清野的方式，一一予以挫敗。劉黑闥怯於李世民的威名，又怕孤軍深入，於是向北收縮防線，接連放棄鶴壁、相州，退回了河北。李世民乘勢收復整個河南，隨後攻破邢州挺進洺水，兵臨劉黑闥的都城洺州。

北路大軍則在燕王羅藝的率領下由幽州一路南下，在鼓城（今河北石家莊市鼓城縣）擊敗劉黑闥的弟弟劉十善，之後一鼓作氣拿下定州、欒州、廉州，與李世民在洺水勝利會師。

李世民、劉黑闥隔著洺水對峙，此時的戰場情勢對於劉黑闥來說發生了大逆轉，之前烽煙所向，無人能敵，現在則被困洺州，內乏糧草，外無應援，十分被動。

鑑於這樣一種戰場態勢，為避免困獸猶鬥，李世民沒有強攻洺州城，而是採取了最穩妥的戰法，堅壁清野，消耗敵軍，並派精騎截斷劉黑闥的運糧道路。劉黑闥則不得不採取偷襲李世民大營的方式，以期能夠迫使李世民解除洺州之圍；但劉黑闥的企圖沒有實現，雙方就這樣在洺水兩岸相持了六十多天。

由於糧道被截，偷襲唐軍大營也徒勞而返，劉黑闥面臨的戰場形勢一天比一天惡劣。李世民在經過認真研判後，認為擊敗劉黑闥的時機已到，遂決定誘使劉黑闥展開決戰。

李世民當然不會一刀一槍地和劉黑闥在洺州城下硬拚，他決定用計。李世民料定洺州城中軍糧已盡，劉黑闥必然孤注一擲出城決戰，就預先命人在洺水上游築壩截流，並讓守壩的將領在戰鬥打響的時候，趁劉黑闥軍隊走到河床中間時挖開堤壩，水淹七軍。

果然不出李世民所料，已經糧絕的劉黑闥率領全軍出城逼近李世民的大營，欲與唐軍主力進行決戰。但士氣低落的劉黑闥軍難以抵擋李世民精銳騎兵的突擊，只好渡過洺水，敗退回營。守壩的將領看到劉黑闥的部隊已經走到了河中間，就決開堤壩，洺水洶湧而至，劉黑闥的人馬大部分被淹死在洺水當中。看到大勢已去，劉黑闥只能帶著殘部匆忙逃往突厥。

洺水之戰以李世民的大獲全勝，劉黑闥的倉皇北逃而告終。但不久之後，不甘心失敗的劉黑闥借得突厥援軍，又捲土重來，再次席捲河北。

## 二　李建成二征劉黑闥

武德五年（西元六二二年）六月，和上次兵敗僅僅相隔不到三個月的時間，劉黑闥從突厥借得援兵，再度南下侵入河北。

借得賭本的賭徒又一次走上了賭桌，而且這次不光是劉黑闥在下注，突厥也從幕後走到了臺前，親自坐上了賭桌，再加上仍在山東響應的徐圓朗，形成四方會戰的混亂局面，整個唐朝北部陷入兵連禍結的不利境地，李淵該如何應對呢？

我們先來看看突厥的此次犯邊。

突厥這次犯邊可以說是傾巢而出，戰線從甘肅、陝西一直綿延到山西、河北，大有趁唐朝國內尚未安定、地方割據勢力仍未完全剷除的時候，一舉擊潰李淵，重新分裂切割中原王朝，攫取最大最豐厚利益之勢。所以突厥這次不僅僅是派出騎兵支援劉黑闥，更是發大軍大舉侵犯邊境，甚至他們的頡利可汗都御駕親征。

突厥三路大軍齊發，分三個方向進攻唐境。

第一路大軍，頡利可汗親率十五萬大軍進攻雁門（今山西省忻州市代縣），侵犯并州（今山西省太原市）、汾州（今山西省汾陽市），當時，突厥十幾萬精兵遍布介休到晉州的汾水河谷之間。

第二路大軍，突厥兵犯甘州（今甘肅省張掖市）、原州（今寧夏回族自治區固原市），並一路南下攻陷大震關（今甘肅省天水市清水縣）。大震關又稱隴關，是關中地區西部的門戶，關中四塞之一，突厥兵打下了大震關則意味著唐朝的根基，關中地區和長安城受到直接的威脅。

第三路大軍，突厥兵犯廉州，並兵援劉黑闥攻打定州。

鑑於突厥兵傾巢而出，整個唐朝北部邊疆狼煙滾滾的局勢，李淵在朝堂上諮詢群臣的意見。鄭元璹主張與突厥講和，他認為：「戰則怨深，不如和利。」而封德彝則認為應當以戰為主，輔以講和，恩威並施。李淵採納了封德彝的意見，有針對性地採取了戰與和的不同策略。

針對御駕親征侵入山西腹地的頡利可汗，李淵派出鄭元璹赴頡利可汗的大營講和。鄭元璹從武德元年開始，五次出使突厥，熟知突厥內部事務，具有豐富的外交談判經驗，而且每次都能不辱使命。這次也一樣。鄭元璹見到頡利可汗後，首先直斥突厥背棄盟約，說得頡利可汗頗為羞愧。看到頡利可汗動搖了，鄭元璹趁機曉之以理、動之以利，一番說辭將頡利可汗打動了，頡利可汗愉快地簽署了和議帶兵北返。

「和」退了頡利可汗，在「戰」的方面李淵更加不含糊。李淵派遣李建成出豳州道（今陝西咸陽北部），李世民出秦州道（今甘肅省天水市秦州區）抵禦突厥。九月，各路抵抗大軍捷報頻傳，靈州（今寧夏回族自治區靈武市）總管楊師道在三觀山擊敗突厥，安興貴在甘州（今甘肅省張掖市）擊退突厥，定州總管雙士洛在恆山南麓擊潰突厥，并州大總管襄邑王李神符、汾州刺史蕭顗在汾東打敗突厥。

一「戰」一「和」之間，李淵快速解決了突厥大舉侵犯的危機，穩定了北部邊疆的總體形勢，接下來就是全力對付劉黑闥了。

## 再次下注——劉黑闥二次起兵

劉黑闥帶領突厥援軍侵犯定州，原來的舊將也紛紛舉兵響應。一時之間河北烽煙遍地，劉黑闥也藉助突厥兵威四處殺伐，這一次的下注，劉黑闥同樣取得了豐厚的回報。

一是攻城略地，再次定都洺州。九月，劉黑闥攻陷瀛州、東鹽州；十月，劉黑闥之弟劉十善攻破鄃縣、貝州、觀州和滄州；同月，劉黑闥進占洺州，並再次建都洺州，相州以北的各州縣也紛紛望風歸降。短短不到半年時間，劉黑闥又基本上恢復了原來夏國的地盤。

二是唐廷震動，三易其帥。七月，在劉黑闥進犯定州的時候，李淵任命淮陽王李道玄為河北道行軍總管，與史萬寶一起討伐劉黑闥。因為李道玄年紀比較小，當時只有十九歲，李淵就發了一道手詔給史萬寶，詔書上說淮陽王是個「小毛頭」，讓史萬寶總領軍事行動。正是這樣一道手詔，讓唐軍這一次征討大敗，淮陽王李道玄也兵敗身死。

李道玄與劉黑闥在下博（今河北深州市下博鎮）展開大戰，李道玄率領輕騎兵作為先鋒，並命令史萬寶帶領大軍隨後跟進。結果史萬寶仗著有李淵的手詔，倚老賣老，認為李道玄這個「小毛頭」輕敵冒進，於是沒有及時發兵跟進。結果孤軍深入敵陣的李道玄戰敗陣亡，史萬寶也沒有堅守住大敗逃回。

十月，李淵下詔任命齊王李元吉為領軍大將軍，率兵討伐劉黑闥。此時的劉黑闥已經進占洺州，勢不可擋；齊王李元吉十分畏懼劉黑闥兵鋒之盛，逡巡不敢前進，連作戰的勇氣都沒有。

十一月，李淵三易其帥，詔命皇太子李建成為行軍元帥率兵征討，河南、河北各州均受李建成節制。

## 館陶之戰

李建成率領征討大軍到達昌樂（今河南濮陽市），與劉黑闥展開對峙，在這期間雙方互有攻守，李建成俘獲了不少劉黑闥的士兵。

李建成採納魏徵的建議，對俘虜進行安撫和策反，隨後放歸劉黑闥軍營。這一計謀果然取得了效果，俘虜返營後在軍中大造謠言，使得劉黑闥的軍心大受影響，部下紛紛開始逃跑，有的則向唐軍投降。

劉黑闥看到軍心產生了動搖，糧草也已經用盡，又孤軍身處河南，極易被唐軍圍困，於是連夜北逃，打算跑回自己的老巢洺州。李建成看到劉黑闥逃了，帶著魏徵緊追不捨。

劉黑闥跑到館陶（今河北邯鄲市館陶縣），被永濟渠所阻，無法北歸。李建成抓住機會快速進行合圍，將劉黑闥軍包圍在河岸邊。劉黑闥沒有辦法，只能一邊搭建橋梁，一邊背水一戰。他命令全軍背靠河水列陣，抵禦唐軍，自己帶領工兵搶搭過河的橋梁。橋一搭好，劉黑闥第一個跑向永濟渠北岸，狼狽逃竄的他甚至都來不及通知部隊撤退。

看到主公帶頭跑了，劉黑闥的軍隊迅速崩潰，士兵紛紛放下武器投降唐軍。李建成指揮大軍過河追擊，因為橋是臨時搭建的，十分不牢固，唐軍只過了一千多騎兵橋就倒塌了，劉黑闥這才得以帶領幾百名騎兵逃脫。

惶惶如喪家之犬的劉黑闥一路北逃，想再次投奔突厥。李建成這次沒有放過劉黑闥，在占領洺州後，李建成命令劉弘基一路尾隨追擊，不給劉黑闥一絲喘息的機會。武德六年（西元六二三年）一月，面對劉弘基的窮追猛打，劉黑闥一路艱辛逃到饒陽，跟隨他的一百多騎兵都是飢腸轆轆、精疲力竭。

劉黑闥委任的饒州刺史諸葛德威此時已經投降了唐朝，他出城誘騙劉黑闥入城休整。劉黑闥一開始不同意，也不願意進城，他既怕諸葛德威已經叛變，又怕耽擱北逃突厥的時間，被唐軍給追上；但看到手底下這些隨從一個個又餓又累難以支撐，也只能答應了。諸葛德威於是乘著劉黑闥進城毫無防備的時候，率領士兵將劉黑闥抓住，並送至洺州李建成處。

二月，李建成在洺州將劉黑闥及其弟劉十善一併斬首。劉黑闥在臨刑的時候仰天長嘆：「我幸在家鋤菜，為高雅賢輩所誤至此！」現在才想起在漳南老家鋤地種菜，過著土財主的生活是多麼地愜意幸福！但這能怪得了高雅賢等人嗎？誰讓自己這麼好賭，還賭上了身家性命，這個時候想轉向可就來不及了。

最後，再來看看徐圓朗的下場。在李世民一征劉黑闥後，留下李神通、任瑰和李勣繼續攻打徐圓朗。面對李勣等人的圍攻，徐圓朗漸漸抵敵不住，只能向江蘇境內發展。武德六年（西元六二三年）一月，徐圓朗攻陷泗州（今江蘇泗縣）；二月，李建成在洺州斬殺劉黑闥，徐圓朗聽聞後，棄城而逃，在逃跑的途中被當地村民所殺。

劉黑闥、徐圓朗的兵敗身死，意味著中國北方的主要割據勢力已基本肅清，大唐的北部疆域已基本穩定。從全中國的總體戰爭形勢來看，江南地區則成為大唐下一步用兵的主要方向。

# 第十三章　江南也三國

揚州舊處可淹留，臺榭高明覆好遊。
風亭芳樹迎早夏，長皋麥隴送餘秋。

淥潭桂楫浮青雀，果下金鞍躍紫騮。
綠觴素蟻流霞飲，長袖清歌樂戲州。

這是隋煬帝楊廣早年所作的一首詩〈江都宮樂歌〉，從這首詩可以看出楊廣對江都，對江南，那可是真愛。少時平定南陳，總督江都，學吳儂軟語，娶南朝女子（蕭皇后是南梁皇室成員），愛與江南仕子飲酒賦詩，楊廣對江南的喜愛發自肺腑，最後連生命都終結於江南，不曾怨悔。

隋唐時期，雖然政治中心在長安，經濟和行政中心在洛陽，但要論繁華富庶、煥彩妖嬈，則天下之地無出江南之右。

## 一　三分江南

縱觀中國歷史，大部分王朝都是在完成北方的穩固、中原的略定後，再橫掃江南，進而完成天下一統，而偏居一隅的江南小朝廷基本上是無力抵敵的。隋末時期的江南更是紛亂，盤踞著杜伏威、沈法興、李子通等三大勢力，他們瓜分著江南，相互之間征伐不斷。

## 「獨具慧眼」的杜伏威

杜伏威，齊郡章丘縣人（今山東省濟南市章丘區），「少豪蕩、不治生貲，狡譎多算」。從小杜伏威就豪爽、雄強，為人也狡詐多智，十六歲跑到長白山當山賊。這個長白山不是吉林省的長白山，而是位於山東鄒平、章丘的長白山。隋末王薄（就是前文提到的使盛彥師受牽連被殺的王薄）、郝孝德、孟讓等都在此處聚眾起義，王薄更是在長白山高舉反隋首義的大旗，雖然說很快被官軍鎮壓下去，但卻引起各地大大小小農民起義相繼出現、席捲全國，所以在當時，長白山就是一塊起事聖地。

一開始，杜伏威依附於長白山首領左才相。由於作戰勇猛、身先士卒，很得兵士的信任，這引起了左才相的猜忌，無奈之下，杜伏威只能率領手下部眾由山東南下江淮一帶。

在途經下邳之時，他看到盤踞在下邳的賊首苗海潮兵強馬壯、聲勢浩大，而自己率領的不過是一支來自山東異鄉的小部隊，實力相差甚遠。機智豪爽的杜伏威沒有強攻，而是派出輔公祏軟硬兼施，勸降苗海潮，並霸氣地指出：「如果你有能力做首領，我定當鞍前馬後效勞，如果你自認為不能勝任首領之職，就聽從我的指揮。如果決定不了，我們就戰場上見高低。」一番說辭讓苗海潮畏懼無比，竟然率眾歸降了杜伏威。

在進攻海陵的時候，杜伏威的雄強機智更是表現得淋漓盡致。海陵賊首趙破陣輕視杜伏威兵微將寡，又遠道而來，就派遣使者招降杜伏威。杜伏威將計就計，命令輔公祏帶領人馬偷偷屯駐在趙破陣大營之外，自己親率十幾名將士，帶著酒肉入營拜見，假裝投附。趙破陣非常高興，看到這樣一員猛將來投，就把所有將領召集起來舉行盛大宴會，為杜伏威接風洗塵。趁著酒酣耳熱之時，杜伏威席前斬殺趙破陣，然後兼併了他的部眾。

也許大家會認為，杜伏威現在對付的不過是幾個義軍首領，並不能說明他的本事有多大，那我們就來看看下面這個事例。

大業末年，「巡幸」江都的楊廣派出右御衛將軍陳稜征剿杜伏威。陳稜可是隋末名將啊！征遼東、平楊玄感，甚至遠征琉球，將天朝上國的聲威遠播海外。但就是這樣一員大將，被杜伏威打得高懸免戰牌，無力言戰，並受到杜伏威的百般羞辱。

杜伏威派人送給陳稜一套婦女的衣裳，替陳稜取了個外號叫陳姥（就是陳老太太的意思），並讓軍士在陣前高聲叫罵。陳稜哪受得了這個氣，於是全軍出擊。這一仗打得昏天黑地，十分慘烈，杜伏威身先士卒，左右衝殺，不小心被一員隋將暗箭射中額頭。杜伏威大怒，指著這名隋將說道：「不殺了你，我就不拔這支箭。」說完就直衝了過去，把這名隋將嚇得手足無措，呆立當場。杜伏威抓住這名隋將，用刀架住脖子，命令他拔箭，之後一刀斬下這名隋將的首級，用手提著繼續衝擊隋陣，又連斬了數十員兵將。這一仗隋軍被打得丟盔卸甲、全軍覆沒，只有陳稜倖免於難，單騎逃回江都。

聲威大振的杜伏威攻陷高郵（今江蘇省高郵市），搶渡淮水，進占歷陽（今安徽省馬鞍山市）。歷陽和高郵兩地互為犄角，這對身處江都的楊廣形成一個弧形包圍，逼得當時的楊廣想從江都遷往長江以南的丹陽（今江蘇省鎮江市），以暫避其鋒芒。

武德元年（西元六一八年）三月，江都兵變，宇文化及弒殺楊廣後，派人送給杜伏威一封委任狀，委任杜伏威為歷陽太守，但杜伏威壓根就沒搭理宇文化及。五月，當越王楊侗在東都洛陽稱帝的時候，杜伏威立刻上表稱臣，被楊侗封為楚王。

可以看出，杜伏威不但勇武過人、智謀不凡，而且獨具慧眼。他此時的選擇可以說非常正確，如果投靠背主弒帝、臭名遠颺的宇文化及，那可想而知，宇文化及最終身敗名裂的下場就是他最好的參照。

杜伏威的慧眼在後來投靠李淵的時候表現得淋漓盡致。武德二年（西元六一九年）九月，王世充廢殺楊侗在洛陽稱帝後，派遣使者招附杜伏威。這次杜伏威同樣沒有接受，轉而向李淵上表稱臣；當然，這種歸降只是名義上的，稱為依附可能更合適點。因為這個時候的李淵不可能，也沒能力干涉遠在江南的杜伏威，當時李淵的勢力僅僅局限於關中地區，起兵之基太原還被劉武周攻占，河北的竇建德、河南的王世充也在中原地區蠶食唐朝的地盤，從哪個方面來看，都不能確定最終一統天下之人就一定會是李淵，甚至杜伏威自己的實力都要強於李淵。

眼光獨到的杜伏威為他此次的選擇著實獲利不少。李淵封他為楚王並賜姓李，總領整個東南方向諸軍事。後來，杜伏威肅清江南各地群雄，入朝長安官拜太子太保兼行臺尚書令，其位甚至在齊王李元吉之上，也就是除唐高祖李淵、皇太子李建成和秦王李世民之外的大唐第四號人物，真可謂尊榮之極。

杜伏威的慧眼還表現在他的選人用人上。一是選用得力戰將，最有名的兩員戰將是王雄誕和闞稜。王雄誕和闞稜都是杜伏威的養子，不但勇武過人、能征善戰，而且對杜伏威忠心不二。二是選用得力親兵，杜伏威親自挑選精銳之士組成「上募」軍，並把上募作為自己的親軍衛隊，平時非常寵愛，但要求也非常嚴酷。嚴管加厚愛使得上募軍個個奮勇、人人爭先，戰鬥力在江南地區首屈一指。

## 「自命不凡」的沈法興

沈法興，湖州武康（今浙江德清縣）人，是土生土長的江南士族子弟，父親名叫沈恪，官至南陳廣州刺史。南陳滅亡後，沈法興跟隨南陳後主陳叔寶入隋，大業末年擔任隋朝吳興（今浙江湖州）太守。

沈法興的起家是從剿滅當地農民義軍開始的。當時東陽（今浙江省金華市）盤踞著一股義軍，首領叫做樓世干，在浙江和江蘇南部到處攻城略地，甚至進逼至江都揚州附近，讓身處揚州的楊廣大感恐慌。楊廣命令沈法興率軍討伐。在平定了樓世干後，沈法興沒有帶軍返回，而是駐紮在東陽繼續進行肅清平叛工作。

之後，宇文化及在江都弒殺楊廣，沈法興自認為世居南方，是江南的名門望族，他覺得他的機會來了。也確實，吳興沈氏可謂是南陳時期第一望族，出了兩個皇后

（陳文帝和陳後主的皇后都是沈氏女子），身居高位者更是遍布整個南陳朝堂，比較著名的除了沈法興的父親沈恪外，還有陳武帝時期的中書令沈眾，陳後主時期的中書舍人沈客卿、御史中丞沈瓘等，同姓的沈氏宗族更是成千上萬，在當地的勢力十分龐大。

沈法興於是以誅討宇文化及為名在東陽起兵，很快便攻克餘杭郡（今浙江省杭州市餘杭區），吳興郡（今浙江湖州）。隨後，沈法興一路帶兵北上，攻克毗陵（今江蘇省常州市），進占丹陽，虎視江都揚州。此時，長江以南的江蘇南部地區和整個浙江省都盡歸沈法興所有。

武德二年（西元六一九年）八月，王世充毒殺皇泰主楊侗後，自命不凡的沈法興認為時機成熟，自稱梁王，建立梁國，定都毗陵，並仿照陳朝舊制設定百官。

## 「效仿杜伏威」的李子通

李子通，沂州（今山東省臨沂市）人，為人寬厚仁德、樂善好施，但有一點不好，就是愛記仇，心胸不夠開闊，屬於睚眥必報那種類型的人。

李子通的起兵同樣出自長白山，而且最初投靠的也是左才相。因作戰勇敢、待人寬厚，李子通很快在左才相軍中嶄露頭角，很多人都願意歸附到李子通門下效力。同樣的，左才相開始猜忌，甚至想除掉李子通，沒辦法，李子通也只能帶領自己的部眾脫離左才相，轉戰江南。

此時，杜伏威已經在江南站穩腳跟，李子通選擇和杜伏威合軍一處共同舉兵，但沒過多久，野心膨脹的李子通派兵突襲杜伏威，想一舉剷除掉杜伏威併吞其兵馬。未做防備的杜伏威被打得大敗，身受重傷，差點被李子通抓獲，多虧王雄誕背負其躲在蘆葦叢中才逃過一劫。可以看到，李子通的起兵經歷和杜伏威驚人地相似，先是投奔長白山，依附左才相，後受到左才相的猜忌，轉戰江南。

大業十一年（西元六一五年），李子通奪取海陵（今江蘇省泰州市），並占據江蘇東部等大片地區。

## 二　三家歸楚

形勝繁華之地江南，在楊廣死後，被杜伏威、李子通和沈法興三大勢力瓜分。杜伏威以歷陽為中心，占據了今江蘇西部和安徽省；李子通以海陵為中心，占據了今江蘇省長江以北及東部地區；沈法興以毗陵為中心，占據了今江蘇省長江以南及浙江省等地區。三大勢力相互之間攻伐征戰不斷，而首當其衝的策略目標則都指向了陳稜困守的江都揚州。

## 江都之戰

唐高祖武德二年（西元六一九年）八月，李子通率先發難，帶領大軍西向圍攻江都揚州。身陷孤城的陳稜難以支撐，只能送人質到杜伏威和沈法興處求援。

接到陳稜的請求後，沈法興派出自己的兒子沈綸帶領數萬兵馬與杜伏威一同赴援江都。杜伏威的軍隊駐紮在清流（今安徽滁州與江蘇南京交界一帶），沈綸的部隊則駐紮在揚子（今江蘇省儀徵市一帶），兩者相隔不過數十里。

雖然離得很近，但杜伏威和沈綸之間根本沒有任何聯繫，更不要說聯合作戰了，而且由於之前兩家征伐不斷，猜忌很深，所以誰都不敢首先進兵攻擊李子通，以免落個腹背受敵的被動局面。

李子通也看出二者之間的猜疑，就招募江南人士偽裝成沈綸的士兵，乘著夜色摸黑襲擊杜伏威軍營。不明就裡的杜伏威非常惱火，也不派遣使者考核一下情況，就出兵攻打沈綸。結果兩人之間的猜疑更深了，相互防備，更加不敢進攻李子通了。

計謀得逞後，李子通集中全力攻打江都，勢單力孤的陳稜難以抵擋，只好棄城而走。擊敗陳稜後，李子通乘勢進攻沈綸，將沈綸打得大敗而逃。杜伏威看到大勢已去，也只好帶領軍隊撤回歷陽。

占據江都，面對著花花綠綠、無盡奢華的隋宮，李子通即行繼皇帝位，建立吳國。

## 三家歸楚

紛亂的江南地區此時形成了楚王杜伏威、吳王李子通及梁王沈法興三大勢力對峙的局面。三家在江南之地展開了捉對廝殺，笑到最後的是投誠唐朝，獲得李淵鼎力支持的楚王杜伏威。

首先滅亡的是梁王沈法興。武德三年（西元六二〇年），李子通渡過長江攻打沈法興，很快便奪取了長江南岸的重鎮京口。隨後雙方在庱亭（又名吳亭）展開大戰，梁軍大敗。李子通率軍直抵梁國都城毗陵，無力抵抗的沈法興只能放棄毗陵向南逃竄，之後走投無路的沈法興在會稽（今浙江省紹興市）投江而死。

正當李子通興師大敗沈法興的時候，在歷陽虎視眈眈的杜伏威突然亮出了獠牙。

溧水之戰。杜伏威任命輔公祏為主帥，闞稜、王雄誕為副將，率領大軍渡過長江，東向進攻丹陽，雙方在溧水（今江蘇省南京市溧水區）展開大戰。

輔公祏首戰大敗李子通，但由於立功心切冒進追擊，中了李子通的埋伏反被殺得大敗，只能逃返回營堅守不出。王雄誕認為應該乘著此時李子通獲得小勝、心情鬆懈的時候，出其不意展開偷襲。輔公祏沒有採納王雄誕的意見，王雄誕便自行帶領幾百名親軍，乘夜襲擊李子通，並藉著風勢火燒李子通大營。這一仗，李子通被殺得潰不成軍，只能放棄江都退保長江南岸。

占據江都後，據有整個江北的杜伏威繼續向南壓迫李子通，很快便渡過長江，攻陷京口和毗陵。李子通無計可施，只能帶兵繼續向東逃，並將都城遷到餘杭。

獨松嶺之戰。武德四年（西元六二二年）十一月，杜伏威派遣王雄誕攻打李子通，雙方在吳郡展開大決戰，抵敵不住的李子通退守獨松嶺（今浙江省安吉縣和餘杭區交界處）。這次王雄誕同樣出其不意，夜襲李子通大營，大驚之下的李子通將營寨一把火燒了，逃回了餘杭。王雄誕乘勢包圍餘杭，無力再戰的李子通出城請降，被杜伏威送往長安。

此時天下形勢已逐漸穩定，心情大好的李淵不但沒有治李子通的罪，還多有賞賜，比起被誅殺的竇建德和蕭銑，李子通享受到的待遇可要好太多。不過後來李子通從長安逃跑，被李淵抓回後處死。

## 三　平定江南

杜伏威獨具慧眼，挑對了明主，也挑對了將領部屬，但偏偏在挑選兄弟的時候看走了眼，這個兄弟就是和他一起為盜、一起舉兵，被稱作刎頸之交的輔公祏。

輔公祏和杜伏威自幼相識，誓同生死。他們一起落草為寇，一起投奔長白山，轉戰江南，後來又一起投唐，蕩平江南群雄，可以說革命的友誼萬古長青。因為輔公祏年紀要稍大一點，杜伏威對待輔公祏就像對待親兄長一樣，當時軍中都尊稱輔公祏為輔伯，敬畏他如同敬畏杜伏威一樣。後來，兩人在今後策略發展方向上產生了分歧和嫌隙，杜伏威的目標是依附明主、封王拜爵，並早早歸順了李淵，而輔公祏的目標始終是建國自立，自己當皇帝。

道不同不相為謀，相互猜忌的二人關係慢慢破裂，杜伏威暗中解除了輔公祏的兵權，只讓他負責行政方面的事務，同時任命自己的心腹將領闞稜和王雄誕為左右二將軍，暗地裡監視輔公祏。這種做法引起輔公祏極大的不滿，但迫於形勢，輔公祏只能隱忍，等待時機。

武德五年（西元六二二年），杜伏威帶領闞稜入朝長安，被李淵改封為吳王，成為唐朝的第四號人物。

此時，身居朝堂要職的杜伏威更是擔心輔公祏會叛變，從而影響到自己的高官厚祿，甚至身家性命。杜伏威讓王雄誕職掌兵權，並千叮嚀萬囑咐，讓他一定要盯緊輔公祏。可哪裡知道打仗有一套的王雄誕勇武有餘，但政治能力實在不足，很快江南就發生了重大變故。

輔公祏趁著杜伏威遠離江南開始策劃起兵反叛，他做了三件大事。

第一件大事是重掌兵權。雖然王雄誕忠勇非凡，軍事素養極高，但他很單純，沒什麼政治頭腦。輔公祏模仿杜伏威的筆跡，偽造了一封懷疑王雄誕有叛變之心的密信。這麼簡單的離間計就讓王雄誕中計了。心中委屈的王雄誕託病不再署理軍中事務，並把手中的兵權交給了輔公祏。輔公祏在重奪兵權後，因為愛惜王雄誕的忠勇，想拉他一同舉事，但被王雄誕嚴詞拒絕，輔公祏看到不能說服王雄誕，於是便把他給殺了。

第二件大事是鋪造輿論。江南地區的軍民大部分人是忠於杜伏威的，如果沒有接到杜伏威的命令，僅僅只靠輔公祏的名望和挑動，起兵是難以成事的。輔公祏於是又偽造了一封杜伏威的親筆信，假稱杜伏威在長安受到李淵的不公正待遇，讓輔公祏起兵反唐，自己在長安城做內應。

第三件大事是兵連張善安。輔公祏也知道此時天下形勢已逐漸安定，單靠個人的力量很難與大唐相抗衡，此時在江西、湖北等地還盤踞著一股較大的割據勢力——張善安。輔公祏積極與張善安聯繫，兵勢相連，互為犄角，共同對抗大唐。

在完成各項準備工作後，輔公祏在丹陽稱帝自立，建國號宋，正式起兵反唐。

## 猷州保衛戰

輔公祏起兵叛唐，建國稱帝後快速向西進取，以期能夠和張善安在江西勝利會師。如果輔公祏能夠實現這一預定策略目標，就可以和張善安兵勢聯結，據有整個長江中下游地區，並沿著長江南岸布防，共同抗擊李淵，到時候整個戰場形勢就會非常有利於輔公祏。

要實現兵連張善安這一策略目標，輔公祏需要盡快打通一個關鍵的戰術結點——歙州（今安徽黃山、涇縣等地區）。歙州緊鄰長江南岸，位於安徽、江西、江蘇、浙江四省交會處，策略位置十分突出，是擋在輔公祏和張善安之間的一枚楔子。

深知歙州重要性的輔公祏，在起兵之初即對歙州展開凶猛地圍攻，從武德六年（西元六二三年）八月一直持續到武德七年（西元六二四年）二月。

唐朝歙州刺史左難當率領孤軍環城固守，擊退了輔公祏一次又一次凶猛地進攻。在面對輔公祏高官厚祿的誘降時，左難當也不為所動，一次又一次地予以拒絕。

左難當的堅持沒有白費，在苦苦支撐了大半年後，他終於等到李大亮擊降張善安，率軍前來解圍。左難當和李大亮裡應外合，擊潰輔公祏的圍城之兵，將歙州牢牢掌握在手中，也將最終的勝利牢牢掌握在唐軍手中。

## 博望山之戰

歙州的堅忍不拔，使得輔公祏的勢力被死死壓制在江浙一隅。取得歙州保衛戰的勝利後，李淵的四路大軍分東南西北四個方向乘勢進逼，開始對輔公祏展開合圍。

李勣率領北路軍渡過淮河，攻下壽陽，任瑰率軍攻克江都揚州；李孝恭率領西路水軍於武德七年（西元六二四年）三月奪取蕪湖，隨即攻克梁山三鎮（今安徽馬鞍山市和縣）；南路大軍在李靖的率領下，一路經宣州、蕪湖，最後在梁山與李孝恭會師。

此時，一旦梁山被攻破，唐軍將突破長江天險，順勢進入江蘇，兵臨輔公祏的老巢——丹陽城。情況緊急，輔公祏連忙調集精銳水陸部隊前往梁山阻擊，並在博望山（位於今安徽省馬鞍山市長江南岸的當塗縣西南）和李孝恭、李靖展開了生死較量。

輔公祏派遣馮惠亮、陳當世率領三萬水軍駐紮在博望山，同時派遣陳正通、徐紹宗率軍駐紮在不遠的青林山，以為犄角。兩支部隊沒有他的命令不准進攻只能防守，以期延誤唐軍的攻擊並大量消耗唐軍。宋軍還隔著長江在北岸設定鐵鎖鏈，切斷長江航道，在長江之西修築延綿數十里的防禦工事。

面對殊死一搏的輔公祏，面對堅固的宋軍防禦陣地以及堅守不出的馮惠亮等人，李孝恭召集諸位將領商議下一步的軍事行動。大部分將領都認為強攻宋軍陣地，幾無可能快速突破，而且很大可能陷入曠日持久的惡戰，造成巨大的傷亡損耗。眾將領都主張繞過敵軍苦心經營的防線，出其不意，直取輔公祏的老巢丹陽。

但是李靖卻極力反對，他認為如果不能拔除正面之敵，而深入敵境攻擊丹陽，一旦輔公祏憑藉堅城死守不出，同時又命令馮惠亮等人攻擊我軍後背，我軍就會非常危險。為今之計應當誘使馮惠亮等人主動出擊，並一舉擊潰博望山之敵。

李孝恭採納了李靖的意見，派遣老弱殘兵為前軍挑釁馮惠亮，誘使馮惠亮出營決戰，自己統率精兵在後嚴陣以待。

馮惠亮果然中計，在擊退李孝恭的前軍後立刻率領大軍出營追擊，和李孝恭統率的精兵在博望山腳下迎頭相遇。此時，隨李孝恭出征的闞稜在陣前摘下頭盔，衝著馮惠亮大軍說道：「你們不認識我嗎？怎麼膽敢來與我決戰！」馮惠亮軍中很多人都是闞稜的舊部下，頓時氣餒，鬥志全無。李孝恭趁勢指揮大軍掩殺，馮惠亮兵潰，捨棄博望山逃回了丹陽。

博望山失陷後，青林山的陳正通等人也獨木難支，帶著幾百名親隨也逃回了丹陽，輔公祏的水陸精銳此一戰幾乎喪失殆盡。李靖、李勣率領精兵長驅直入，一直打到丹陽城下。看到自己苦心經營的防線瞬間化為烏有，唐軍已兵臨城下，驚慌失措的輔公祏守城意志瞬間瓦解，他放棄了丹陽，帶領幾萬兵馬匆忙向東逃竄，李勣則在後窮追不捨。

此時的輔公祏氣數已盡，一路上士兵紛紛逃亡，在跑到武康（今浙江德清）的時候，眾叛親離的輔公祏被當地農民捉住送往丹陽。李孝恭下令處斬，懸首示眾。而隨著輔公祏的被殺身死，整個江南地區遂告平定。

在這裡還要多說一句，杜伏威最終沒能躲過此劫，還是因為輔公祏的事受牽連被李淵誅殺。

# 第五篇

## 廓清天下

歷史發展到此刻，薛舉、李密、劉武周、王世充、竇建德、劉黑闥、蕭銑、輔公祏等梟雄一個個退出了歷史舞臺，盤踞在現今廣東西部的馮盎也於武德五年（西元六二二年）七月，率領全部人口和土地歸附唐廷。

馮盎的歸附使得中國本土基本實現了統一。對於李淵，對於大唐來講，現在最主要的作戰目標指向依附突厥、為禍北疆的高開道、梁師都、苑君璋等人。最終，大唐廓清四野，完成統一大業。

## 第十四章　幽州鏖戰

幽州，一般指今天的北京市，但廣義上的幽州涵蓋今北京、天津、河北的北部和山西的東北部等地區。

對於中原王朝來講，幽州的策略地位極其重要。中原王朝強盛的時候，這裡是征伐北方游牧民族的核心基地；中原王朝衰弱的時候，這裡又有抵抗北方游牧民族入侵的重要屏障，因為這裡有天然防線（燕山山脈）和最關鍵的人工防線（長城）。

關於幽州，可能大家了解比較多的是五代十國時期後晉皇帝石敬瑭，割讓燕雲十六州（也就是幽州）給遼國。後來北宋立國，由於失去了幽州，終北宋一朝，王朝的中心，華北和中原地區都無險可守，時時遭受北方鐵蹄的入侵。到了北宋末期，更是被金國鐵騎長驅直入國都開封，蒙受靖康之恥，宋徽宗、宋欽宗父子兩代君王被俘虜至異國，北宋也至此國滅。

大唐立國之初的時候，對幽州展開激烈爭奪的主要是高開道、羅藝和竇建德三人。羅藝早早投誠唐朝，高開道依附於突厥，而竇建德在河北稱夏王，建立大夏國，這三方勢力都對北方重鎮幽州虎視眈眈。

## 一　「三王」戰幽州

在幽州的故事裡，「三王」中最明確的一個王自然是夏王竇建德，那羅藝和高開道又分別是什麼王呢？歷史上著名的「北平王」又指的是誰呢？面對這個問題，很多人肯定會脫口而出，「北平王」當然指的是羅藝啊！一招「回馬槍」威震北疆。但是，歷史卻並非如此。

## 誰是真正的「北平王」

大家都認為「北平王」是羅藝，那是因為受小說《隋唐演義》的影響。

根據《隋唐演義》的描述，羅藝是北齊勛爵，為人正直，善使一桿滾銀槍。北齊國破後，羅藝不肯臣服於隋朝，遂擁軍十萬占據幽州，隋朝累戰不克只得招安，封羅藝為北平王，並將整個幽州割讓給他。小說還替羅藝杜撰了一個大名鼎鼎的兒子，隋末第七條好漢「冷面寒槍俏羅成」，以及一個夫人，秦叔寶的姑媽秦勝珠。但是在歷史上，羅成這個人物是不存在的，羅藝的老婆也不姓秦而是姓孟，羅藝本人也並非如小說所言為人正直，而是剛愎固執、不講仁義。下面就一起來了解一下歷史上真實的羅藝。

羅藝從小在軍營長大，他的父親是隋朝監門將軍羅榮，受父親的耳濡目染，羅藝弓馬嫻熟、英勇善戰，因屢立戰功被封為虎賁郎將。大業八年（西元六一二年），羅藝跟隨楊廣東征高句麗，督軍北平，這個時候羅藝才來到幽州。

剛開始的時候，羅藝受命於右武衛大將軍李景，但任氣縱暴的羅藝可是個刺頭，仗著自己將門之後，諳習兵事，經常和李景起衝突，還曾經誣陷李景謀反，只是沒能成功。後來，高開道圍困幽州，李景不敵，遠奔遼西，整個幽州也就陷入群龍無首的局面。

主將外逃，留下幽州這個香餑餑，那自然成為各路軍閥盜匪窺覬、打劫的對象，而幽州的留守官員趙什住等人作戰能力低下，經常吃敗仗。只有驍勇善戰的羅藝每戰必勝，殺敵無數，因而在幽州軍民心中的威望很高。

趙什住等人因此非常忌恨羅藝，私底下就想除掉他，但「刺頭」羅藝連自己的上司都敢惹，怎麼會怕趙什住這些小角色，他也早就想拿趙什住等人開刀立威了。有一次出城作戰，羅藝打了大勝仗，他趁勢挑動軍民回軍攻打趙什住等人，趙什住等人哪裡是羅藝的對手，驚懼之下只能乖乖聽命於羅藝。

掌控了幽州之後，羅藝大開府庫，招兵買馬。時值隋末，天下大亂，羅藝也藉機自立，自稱幽州總管。

隨後，楊廣江都被弒，隋朝滅亡。割據幽州、稱霸一方的羅藝自然成為眾多梟雄拉攏、爭取的對象，宇文化及、竇建德、王世充，甚至高開道等人均派出使節前往幽州，對羅藝展開招降工作。但是羅藝都沒有答應，反而於武德元年（西元六一八年）十二月，早早投靠了遠在關中、剛剛建立唐朝不久的李淵。

這眼光得有多毒辣啊！莫非是杜伏威借了一雙「慧眼」給羅藝？說實在的，不得不佩服羅藝、杜伏威二位，在天下大亂、時局不明，李淵勢力還比較弱小的時候，就能做出精準的判斷和風險投資，依附明主，並隨之收到遠超預期的巨大回報。

武德二年（西元六一九年）十月，李淵封羅藝為燕王（這樣看來羅藝不是「北平王」，應該稱為燕王），總領幽州諸軍事並賜姓李。

既然「北平王」並非羅藝，那肯定就是高開道了！

高開道，滄州陽信（今山東陽信縣）人，出身貧寒，從小就勇悍異常。有多勇悍呢！歷史上記載有這麼一件事，有一次行軍作戰，高開道被流矢射中了面部。回到營地後，高開道讓醫生替他拔箭。第一名醫生就說箭頭很深不能拔，一怒之下的高開道殺了這名醫生，又找來另外一名醫生拔箭。這名醫生說拔箭頭很痛，恐怕高開道受不了，大怒之下的高開道又殺了這名醫生。連殺了兩名醫生後，第三名醫生再也不敢說什麼了，開始替高開道拔箭。

當時的醫療條件，既沒有麻醉藥，也沒有手術刀、止血鉗等專業的手術器材，醫生就靠著普通的刀具割開高開道的臉皮，鑿開面骨，並在創口處打入楔子，將面骨裂開一寸多的縫隙，最後取出了箭頭。

都不敢想像這是多麼恐怖的一個畫面，而整個手術過程，高開道不僅沒有叫痛，還讓人擺上酒菜，邊手術邊飲酒。這樣一比較的話，關羽關二爺的「刮骨療毒」都要遜色三分了。

高開道一開始投奔河北義軍首領格謙，後來格謙兵敗身死，高開道接管了格謙的全部兵馬並率部北上攻掠，從臨渝到懷遠等地（今河北唐山、秦皇島等地）全部被他攻占。實力大增的高開道開始進攻幽州。武德元年，高開道攻陷漁陽郡（今天津薊縣），自稱燕王。

這是怎麼一回事啊？高開道稱的也是燕王啊！那說好的「北平王」呢！難道這是一宗歷史懸案？不用著急，我們接著往下看。

武德三年（西元六二〇年）十月，竇建德趁著李世民與王世充在洛陽展開激戰，大舉圍攻幽州，想一鼓作氣剿滅羅藝，肅清北疆，再回師中原爭奪天下。竇建德的這一步棋對大唐來講其實是非常凶險的，如果竇建德達成所願，平定幽州，解除後顧之憂後，再挾得勝之師快速踏足中原，聯兵王世充，則中原戰局立刻轉變，唐軍將面臨前所未有的軍事壓力，最終戰局的走向如何還真不好說。還好，歷史沒有讓這一幕發生。

在羅藝和高開道的「戮力同心」下，幽州牢牢掌握在「唐軍」手中，而竇建德則損兵折將，無功而返。這又是怎麼一回事啊？三方不是都對幽州虎視眈眈嗎？羅藝和高開道兩個「燕王」什麼時候開始聯手了呢？

原來，面對來勢洶洶的夏王竇建德，外無援兵、獨木難支的羅藝只得向高開道求救。身處漁陽的高開道由於近在咫尺，無法脫身事外，也鑑於唇亡齒寒的現實威脅，即刻率領兩千精銳騎兵襲擊竇建德的側翼，迫使竇建德撤圍而去。高開道和羅藝就這樣成了同一個戰壕的「戰友」。

此時的中原戰場，李世民在與王世充的作戰中節節勝利，威震華夏，心生畏懼的高開道就藉助「戰友」羅藝遣使奏請歸降唐朝。十月，李淵下詔任命高開道為蔚州總管，封北平郡王，也賜姓李。好了，這起歷史懸案終於解開了，真正的北平王是高開道。

## 誰的幽州

身為一起歸附唐朝，並一同被李淵賜姓李的兩個異姓王，羅藝和高開道圍繞「幽州誰屬」展開了相愛相殺。其實，高開道並不是真心歸降唐朝，他最大的願望是聯結突厥，割據幽州，自立稱王，所以他幾次復稱燕王並圖謀幽州。

有一次，高開道已經率領五百精騎進入幽州城，想趁羅藝不備除掉羅藝占據幽州。但老謀深算、見慣了大風大浪的羅藝早就看穿了高開道的企圖，預先做好了準備。高開道帶領隨從進入幽州都督府，羅藝設下宴席，盛情款待高開道，席間高開道觀察羅藝動靜，發現羅藝開懷暢飲、神色自若，都督府裡又一切秩序井然，高開道知道羅藝已預有準備，自己的計畫難以實現，便帶著人馬悻悻然地離開了幽州。

羅藝和高開道這「二王」爭歸爭，但至少這段時期在表面上還沒有撕破臉，並且還一同抗擊夏王竇建德的進攻。

武德五年（西元六二二年）六月，此時，夏王竇建德已經兵敗身死，他的舊將劉黑闥北引突厥起兵反唐，進占河北。本就與突厥暗通款曲的高開道徹底倒向突厥，斷絕了與羅藝的往來，重稱燕王，率軍大舉進攻幽州，並在突厥兵的支援下，將戰火蔓延至河北的定州、易州，山西的馬邑等州縣。不過，雖然高開道攻勢猛烈，但「燕王」羅藝卻力保幽州城池不失。

武德六年（西元六二三年）二月，羅藝協助李建成徹底平定劉黑闥，河北的戰爭形勢完全穩定，此時天下大勢也總體趨於安定（江南的輔公祏還未起兵叛唐）。羅藝於是上表入朝長安，離開了經營多年的幽州，也離開了老「戰友」高開道。

高開道看到天下相繼平定，割據自立的夢想徹底破滅，與自己相愛相殺經年的老對手、老「戰友」，同封異姓王、同被賜姓李的羅藝，也已經飄然遠離自己，跑到長安享受榮華富貴去了，而自己仍然是一介賊寇，他開始不淡定了，開始想重新歸降唐朝。

但高開道心裡也非常清楚，自己對於唐朝不但寸功未建，而且由於反覆叛亂，手上沾有不少唐軍將士的鮮血，就算是李淵有心赦免他，底下的將領怕是也放不過他。投歸無門，羅藝又離他而去，失去人生目標的高開道只能更加依附突厥，對幽州展開更加瘋狂的進攻。

武德六年（西元六二三年）的一整年，高開道都是在「吃飯，睡覺，打幽州」

中度過。三月，高開道援引突厥騎兵進攻幽州，無功而返；五月，高開道援引奚族騎兵進犯幽州，鎩羽而歸；七月，高開道縱兵掠奪幽州及周邊郡縣；八月，高開道援引奚族軍隊侵犯幽州，被幽州守軍擊退；九月，高開道援引兩萬突厥騎兵侵犯幽州，這次唐軍不能控制。

## 二　平定幽州

雖然高開道對幽州展開了歷時一年的瘋狂進攻，但這些進攻基本上都沒有明確的策略目標，打到哪兒算哪兒，而且基本也沒取得戰場上的優勢。隨著時間一天天地推移，漫無目的的高開道處境日漸窘迫，而且高開道手底下的將士多是山東人，經年的征戰使得他們開始反戰、厭戰，思鄉之情日漸強烈，與高開道之間也日漸離心離德，高開道的部隊開始從內部瓦解了。

### 「北平王」之死

隋末的割據梟雄很多都喜歡蓄養死士為自己的養子，最典型、最知名的就是杜伏威以及他的養子王雄誕和闞稜；高開道則更甚，他在閤內蓄養了數百名養子以為自己的貼身侍衛，不離左右。

時間來到武德七年（西元六二四年）二月，此時高開道已經處境維艱，他手下的將領張金樹和張君立共同謀劃刺殺高開道，投降大唐。

而要刺殺高開道，最大的障礙就來自那些時刻不離高開道左右的養子們。張金樹於是派人不斷地拉攏、收買這些養子，平時經常邀他們出去喝個酒，賭個博，找各種樂子，也時不時帶些美女到閤內和這些養子們歡鬧嬉戲，就這樣慢慢使這些人放鬆了戒備。

這天晚上，張金樹和張君立相約，由張金樹負責進入閤內刺殺高開道，張君立負責帶兵在外城響應，並阻止其他增援的部隊。張金樹派遣手下進入閤內，與諸養子歡笑嬉戲，並趁他們放鬆警惕之時，偷偷把刀槍藏起來，把弓弦弄斷。之後，張金樹率軍猛攻閤內，慌作一團的養子們準備取武器出戰，但發現要麼找不到兵器，要麼找到的是一把斷弓，張金樹趁機攻入閤內，張君立也占據外城，舉火響應。

雄勇堪比關二爺的高開道披甲持刀據堂而坐，並召來眾妻妾飲酒作樂，狂歌歡笑。張金樹和他手底下的將士，平時就對高開道甚為畏懼，這時更是沒一個人敢上前挑戰。就這樣相持到了天亮，高開道見大勢已去，起身將他的妻妾兒女縊死後拔刀自盡。

高開道自殺身死，幽州，這個中原王朝北部的策略要地也就安定了。

## 羅藝叛唐

歷史有時候真的很神奇，一南一北同樣「獨具慧眼」，為大唐的開創立下汗馬功勞的兩個異姓王，楚王杜伏威和燕王羅藝，同樣都因為看走了「一眼」，最後的結局同樣都是身死名裂。杜伏威是因為看走眼了兄弟，最終因為輔公祏的叛唐而暴亡；羅藝則因為看走眼了大唐接班人，錯站了皇太子李建成的隊伍，導致自己叛唐被殺。

武德六年（西元六二三年）二月，羅藝帶著屢敗竇建德，並協助皇太子李建成、秦王李世民兩平劉黑闥的赫赫戰功入朝長安。面對立下奇功的封疆大臣，李淵自然非常高興，他對羅藝大加厚賞並委以軍事重任。

可是桀驁不馴的羅藝自以為勞苦功高，慢慢變得驕橫自大、目空一切，對其他大臣也是口出不遜、多有冒犯。特別是自從結識皇太子李建成並被引為親信後，更是目中無人，甚至連秦王李世民都不放在眼裡。

有一次，李世民派遣親信隨從來到羅藝大營，羅藝卻仗著有李建成作為靠山無故毆打他們。李淵知道這件事後勃然大怒。本來這個時候李建成和李世民就因為接班人的問題產生極大的矛盾，羅藝的這種做法無異於火上澆油，會更加激化李建成和李世民之間的矛盾。李淵本想嚴懲羅藝，但因為李建成的苦苦哀求，羅藝又是功勛彪炳的重臣就饒恕了羅藝。

恰好這個時候突厥屢次犯邊，羅藝因為長期鎮守幽州，有豐富的對突厥作戰經驗，於是李淵詔令羅藝出鎮涇州（今甘肅省涇川縣）抵禦突厥，而這也恰恰為羅藝的叛亂埋下了伏筆。

武德九年（西元六二六年）六月，發生了歷史上著名的玄武門之變，秦王李世民擊殺皇太子李建成和齊王李元吉。兩個月後，唐高祖李淵禪位，李世民繼位為唐太宗。胸襟開闊的李世民即皇帝位後，沒有因為羅藝是李建成的親信而對他進行打擊報復，反而是大加封賞，但心懷畏懼的羅藝卻在妻子孟氏的慫恿下暗地裡開始準備謀反。

唐太宗貞觀元年（西元六二七年）一月，羅藝假稱奉密詔麾兵入朝。他由涇州一路南下占據了豳州，接著想一鼓作氣奪取長安。但他面對的對手可是李世民啊！而且這個時候天下大勢已定，人心思安，已經沒有羅藝作亂的空間了。

李世民命令尉遲敬德率兵討伐，哪知道朝廷的大軍還沒出發，羅藝矯詔的事情就大白於天下，部隊也隨之土崩瓦解。對部隊完全失去控制的羅藝拋棄妻子兒女，帶領數百名親兵逃奔突厥。跑到寧州（今甘肅省慶陽寧縣）的時候，跟隨的親兵斬殺了羅藝，並將他的首級送回了長安。

# 第十五章 最後的戰歌——梁師都和苑君璋

歷史的車輪隆隆向前，大唐由唐高祖李淵的武德年間跨入到唐太宗李世民的貞觀年間。縱觀李淵在位的九年時間，最大的歷史貢獻就是剿滅諸多割據勢力，基本上完成了統一工作。

但是戰事還沒完全結束，在唐王朝統治的核心地帶關中的頭頂，仍然盤踞著兩股勢力——苑君璋和梁師都，他們緊緊依附突厥，分別占據山西北部地區和黃河河套地區，並且時常引領突厥騎兵南侵，為禍唐境。

## 一　結局最好的割據勢力——苑君璋

苑君璋，馬邑人，出生於當地豪族，是劉武周的妹夫。劉武周興兵攻唐的時候，苑君璋勸劉武周外附突厥，等待時機，徐圖天下，不要貿然進攻大唐。但是劉武周沒有聽從，而是讓苑君璋留守馬邑，自己帶領另外一個妹夫宋金剛大舉犯唐。劉武周兵敗身死後，苑君璋占據馬邑，率領餘眾歸附了突厥。

苑君璋雖然兵連突厥，但他仍然保持了自身的獨立性，也不是一門心思堅決反唐到底，而是與大唐維持著一種若即若離的關係。苑君璋曾經幾次想過放棄抵抗，投降李淵，但最終他選擇了觀望，選擇了等待，等待他覺得會出現的、於他有利的「時機」。但是苑君璋的等待是徒勞的，從唐高祖李淵的武德年間到唐太宗李世民的貞觀年間，苑君璋等來的不是於他有利的時機，而是於他大不利的時局。

一是將領的叛變。武德六年（西元六二三年）的時候，苑君璋的大將高滿政勸苑君璋殺死馬邑城內所有突厥兵投降唐朝，苑君璋沒有聽從。高滿政於是率領本部兵馬夜襲苑君璋，斬殺突厥兵，獻城投降唐朝。苑君璋因為發現得早，躲過一劫，逃奔了突厥。雖然不久之後苑君璋援引突厥兵，重新占據馬邑並擊殺了高滿政，但是經過此事後將領叛逃的事情就經常發生。

二是父子的離心。李淵曾經派遣使者前來招降苑君璋，苑君璋的兒子苑孝政極力贊成投降李淵，但是苑君璋卻仍想著結援突厥，以觀天下之變，於是抓捕了李淵的使者。苑孝政無奈之下只能單騎南奔，想投唐而去，卻被苑君璋抓了回來並且拘禁了起來。

三是突厥的衰敗。苑君璋最大的靠山就是突厥，但是貞觀元年（西元六二七年），突厥由於內部政治混亂、朝綱不舉，加之遭遇罕見的自然災害，外部則由於鐵勒諸部的叛亂，造成國力迅速衰弱。而隨著突厥的衰弱，苑君璋也失去了這座靠山，失去了與大唐抗衡的最大資本。

時局對於苑君璋越來越不利，特別是經過玄武門之變，唐太宗李世民繼位，大唐順利度過內部危機後，苑君璋意識到天下之變的局面是不可能發生了。貞觀元年（西元六二七年）五月，苑君璋徹底放棄抵抗，歸附大唐。

唐太宗李世民不計前嫌，接受了苑君璋的投降，並任命他為隰州都督，封芮國公。苑君璋一直活到貞觀中葉才去世，而且在為官期間頗具政績，受到治下官民的愛戴，苑君璋也因此成為隋末割據群雄中結局最好的一個。

## 二　堅持最久的割據勢力——梁師都

時間進入貞觀初年，最後的釘子戶就剩下割據朔方的梁師都了，而且梁師都與突厥的關係最密切，朔方也高懸在關中的頭頂，對長安形成直接的威脅。面對幾乎近在咫尺的梁師都，大唐之所以遲遲沒有解決他，不是不想而是不能。

因為突厥對梁師都鼎力支持，立國之初的大唐確實無力與突厥進行對抗，只能隱忍不發。但是，當實力累積到一定地步時，大唐必將抓住有利戰機給予梁師都雷霆一擊，剿滅這最後一股反叛勢力，實現統一大業。

## 大度毗伽可汗

梁師都，夏州朔方（今陝西省榆林市）人，他的家族世代都是朔方的地方豪強，在當地勢力很大。青年時代的梁師都英勇善戰，官至隋朝的鷹揚府郎將。大業末年，天下紛亂，梁師都乘機而動，利用自身名望在朔方聚眾起兵，隨後便占領了朔方郡。

占據朔方後，梁師都做的第一件事就是結連突厥，並依靠突厥的力量四處出擊。勇悍的梁師都很快便打下了陝西的北部地區和黃河河套地區。之後梁師都在朔方自稱皇帝，建立梁國，並完全臣服於突厥，被突厥的始畢可汗冊封為「大度毗伽可汗」，獲贈「狼頭纛」。

隋朝末年，天下群雄並起，很多稱霸一方、野心勃勃的雄主都和強大的突厥有著千絲萬縷的連繫。但像梁師都以及前文說到的「定楊可汗」劉武周這樣，徹底投靠突厥，接受突厥可汗冊封，甚至打著突厥的狼頭大旗四處出擊的還是少數。

## 突厥可汗的南侵

緊緊依附突厥的梁師都時常勾連突厥南侵關中。其中有兩次對唐朝而言情形特別危急，但冥冥之中似乎有神明庇佑，兩次都因在位的突厥可汗突然死亡使得關中危機得以化解。

第一次發生在武德二年（西元六一九年）二月，突厥的始畢可汗親率大軍渡過黃河準備與梁師都在朔方會合，共同進軍中原；同時，突厥又派遣精騎在馬邑與劉武周會合，準備入侵太原。

當時唐朝剛剛經歷與薛舉父子的大戰，如果此時突厥大軍南下，李淵勢必難以抵敵。可是沒想到始畢可汗在行軍當中逝世，忙於喪事的突厥無心南征，退兵而去。

第二次發生在武德三年（西元六二〇年）十一月，此時劉武周已死，李世民在中原戰場上取得節節勝利。梁師都眼看天下形勢已漸趨明朗，唐朝將統一天下，就唆使處羅可汗南下關中進攻唐朝，以期效仿北魏道武帝那樣取而代之；就算不能取而代之，也要擊敗唐朝，使得中原維持分裂的局面。

處羅可汗接受了梁師都的建議，命令他的弟弟咄苾進攻原州（今寧夏固原）；突利可汗進攻幽州，之後會合竇建德從滏口進兵山西；梁師都則從朔方出發進攻延州（今陝西省延安市）。

處羅可汗的這次南侵比上一次始畢可汗的南侵更加凶猛，幾乎迫使李淵召回兵圍洛陽的李世民，放棄攻打王世充，放棄整個中原地區。可是同樣沒能想到，處羅可汗也適時地撒手人寰，突厥的大舉入侵再次無疾而終。處羅可汗死後，他的弟弟咄苾繼位為頡利可汗。

## 攻陷朔方——梁師都的滅亡

此後的梁師都仍然不斷地勾結突厥南下侵略，關中地區也時刻面臨著威脅和極大的軍事壓力。但是隨著其他割據勢力一一被剿滅，騰出手腳的大唐在積蓄足夠力量，只等著時機一到便開始著手處理梁師都。

貞觀元年（西元六二七年），梁師都的大後臺突厥，內外交困，國力迅速衰弱。李世民了解到情況後，知道此時的突厥已難以庇護梁師都，因此寄書梁師都勸他早日歸降。但是梁師都不答應，執意反抗到底。

沒過多久，契丹族首領率眾脫離突厥歸降大唐，突厥的頡利可汗派使臣出使大唐，要求用梁師都換回契丹部眾。李世民此時已看出梁師都對於突厥來講無異於一枚「棄子」，他毫不猶豫地拒絕了頡利可汗的要求。

貞觀二年（西元六二八年）四月，李世民開始對梁師都收網。

在興兵征伐之前，唐軍首先對梁師都展開游擊戰，頻繁地派遣小股部隊入境梁國，目標不是攻城略地，而是踐踏梁國境內的稻田禾苗。梁國本就土地狹小，可供耕作的農地就更少，這樣一來糧食就絕收了，大量百姓逃離梁國投奔唐朝而去。

其次是實施反間計，透過收買、利誘離間梁師都及其文武大臣之間的關係。

看到梁師都君臣離心，百姓流離失所，軍隊戰鬥力也越來越弱，李世民決定一舉擊潰梁師都。他派遣柴紹、薛萬均合兵進攻朔方城，頡利可汗雖然發兵前來救援，但被柴紹擊敗，狼狽逃回。隨後唐軍包圍朔方城，梁師都還想負隅頑抗，但被他的堂弟梁洛仁殺死。最後的割據勢力——梁師都，就這樣退出了歷史舞臺。

# 第十六章　統一戰爭時期軍事總結

唐朝順利平定天下，完成統一大業。那為什麼是唐朝承擔起這一歷史使命？在眾多割據諸侯中歷史為什麼選擇李淵和李世民？而在波瀾壯闊的統一戰爭中，又是誰建立了累世奇功？讓我們一起從戰爭的角度來找找原因，分析結果。

## 一　為什麼是大唐？

李淵既不是最早起兵的一個，初期也不是實力最雄厚的一個，為什麼他實現了統一的終極目標？這其中的原因是多方面的，我們主要從戰爭的角度來分析「為什麼是大唐」。

首先是策略目標。「凡事豫則立，不豫則廢」。如果沒有一個明晰的策略目標，總是處於搖擺和猶豫當中，則事必無成。李淵以及他所屬的軍事集團，始終有一條清晰而明確的總策略目標，那就是「代隋自立，統一天下，開創偉業」。

在這個總策略目標的基礎上，李淵和李世民還根據所處的不同征戰階段和不同征戰條件制定不同的策略目標。

在晉陽起兵之初，李淵確定的策略目標是「定鼎長安」。雖然僅僅只用了四個月，李淵就完成了這個策略目標，但當時面對的困難卻絲毫不小。因為那個時期唐軍是弱小的，周邊又有虎視眈眈的割據群豪，而且長安又是隋朝根基之所在，有雄關，有天塹，統治力量強大，如果一招不慎將導致滿盤皆輸。

這個策略目標的實現相當程度上是依靠李世民堅定的作戰意志和作戰決心。戰霍邑，棄河東，哪怕是冒著太原失守、後路被斷絕的危險，李世民都沒有選擇退讓，而是堅定地西望長安，並以最快的速度，搶在群雄之前，跨越黃河，進占關中，最終順利定鼎長安。

在占領長安後，李淵又制定了「穩固關中，據險養威，徐觀鷸蚌之勢，以收漁人之功」的策略目標，而且，政治經驗豐富的李淵沒有急於廢黜楊侑，自立稱帝，而是藉助隋室的名義，文攻武嚇，文武兩方一起進行，而且皆有不錯的成效。

「文」的方面打著隋朝的旗號，傳檄招撫四方，隨著長安周邊以及巴蜀等地區的歸附，關中的形勢也漸趨穩固；「武」的方面則是主動出擊，平定薛氏父子，擊潰劉武周、宋金剛，擒拿李軌，徹底解除了來自關中周邊的河西、河東和隴右地區的直接威脅，此時的李淵進可攻退可守，在策略上處於十分有利的地位。

等到關中及周邊形勢穩定了，自身實力得到拓展之後，李淵又適時制定了「經略中原」的策略目標。

這個目標是唐朝統一天下的重點和困難點，因為中原處於天下之中心地位，誰掌握了中原，誰就獲得了策略主動權。此時的中原盤踞著王世充、竇建德兩大實力最雄厚的割據勢力，不平定這兩大攔路虎，統一則無從談起。

一場曠日持久的激戰在中原大地展開，戰事的後期王世充和竇建德開始聯兵對抗李世民，想迫使唐朝勢力退出中原。但李世民的策略決心是不會有任何動搖的，他選擇單挑二虎，並最終在虎牢關一舉擊潰並俘獲竇建德，不久後王世充也獻出洛陽投降。

啃下中原這塊硬骨頭後，「平定南北，廓清四野」，成為實現統一、開創偉業的終極策略目標。這個時候的唐朝已經具備了同時打贏兩場高強度區域性戰爭的實力。

南方的李孝恭、李靖兵出巴蜀，順長江東下，很快占領江陵，平定蕭銑。李世民、李建成先後征討竇建德舊部劉黑闥，再次克定河北。隨後收嶺表，下江南，攻朔方，最終完成統一大業。

其次是戰術執行上。準確清晰的策略目標也必須靠堅決靈活的戰術執行力來實現。

在起兵之初，下定「代隋自立」的策略決心後，李淵在執行方面卻展現了他的原則性與靈活性的相統一，他打的旗號並不是「反隋自立」，而是「忠於隋室，擁立楊侑」。這個旗號一舉，很多仍然心繫隋朝的人都跑過來輔佐，這大大減輕了李淵進取關中、定鼎長安時所遭受的阻力。

在開始征伐群雄、統一天下的過程中，有四個戰術執行的關鍵節點發揮了至關重要的作用。

一是由盛彥師、任瑰駐守的熊州和穀州；二是由燕王羅藝鎮守的幽州；三是由楚王杜伏威鎮守的歷

初唐軍事態勢示意圖

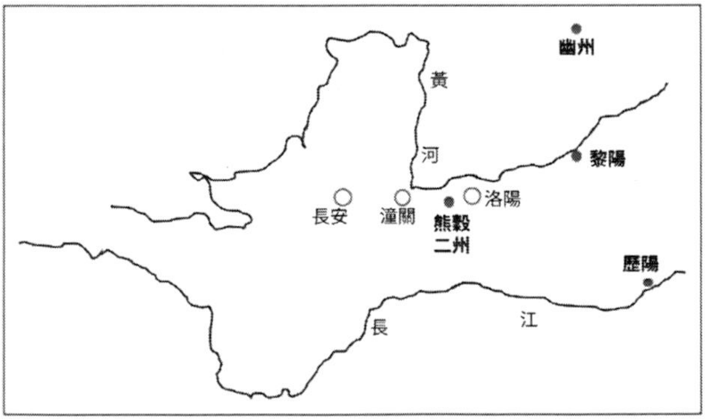

陽；四是由淮安王李神通和李勣駐守的黎陽。從地圖上可以看到，這四個節點正好位於南、北、西、東四個方向，將隋的疆域牢牢掌握在其間。

這四個地方的將領和駐軍也確實發揮了重要的作用。熊州和穀州抵禦住了王世充的西進，使唐軍的策略前線幾乎推進到洛陽城下，從而獲得了極大的策略優勢和戰場空間。

幽州的羅藝則先是牽制住了竇建德，延阻了竇建德和王世充的軍事聯盟，為李世民最終克定中原爭取了寶貴的時間。其後又分別和李世民、李建成南北夾擊劉黑闥，最終平定了整個河北。

歷陽的杜伏威則替唐朝看守住了富庶的江南，使得李淵可以專心應對中原和河北的強大敵人。並且在李世民征討王世充的時候，杜伏威在江南發兵響應，攻擊王世充的側翼，為李世民的中原作戰提供了有效地策應。

位於河南、河北和山東交界的黎陽，則分割開了王世充、竇建德、徐圓朗等各大勢力，深深地嵌在中原大地的心臟地帶，由於地處四戰之地，周圍都是割據一方的虎狼之師，所以幾度失手，又幾度復得，甚至李神通和李勣都一度陷身敵手。

最後，也是最關鍵的原因，我認為是天下大勢以及人的因素。隋唐時期，雖然九品中正的門閥制度在中國漸漸沒落，但是以關隴集團為核心的軍政集團卻仍牢牢占據了權力的寶塔尖。他們勢力龐大，擁有最豐富的政治軍事資源和社會名望，所以在這一特定歷史時期，歷史最終的選擇仍然是李淵以及以李淵為核心的關隴集團。

但是關隴集團作為一個集體，他的成員是非常多的，別的不說，光說李密，他是西魏八柱國之一李弼的曾孫，也是關隴集團寶塔尖上的人物，而且早在楊玄感起兵的時候就身為重要參謀人員參與反隋。後來更是領導瓦崗軍，圍攻東都洛陽，成為天下盟主。要這麼論及，李密更具備開創偉業的條件，但是歷史為什麼最終拋棄了他呢？

就因為李密不是李淵，不是李世民。特別是李世民，他的遠見卓識和英勇無畏確實無人出其右，他和他的父親李淵都是唐朝建立並最終完成統一大業的策劃者和執行人，而且李世民是最主要、最堅定的執行人。

## 二　誰的功勞最大——十大戰將

再來分析一下誰的功勞最大並評選出十大戰將。同樣的，這次的出發點仍然是依戰爭的角度，考量的主要因素是戰功。要分析誰的戰功最大，要讓數據來說話。先來看看大唐平定割據諸侯的情況，以及領軍的主要將領情況。

唐初平定主要割據勢力一覽表

| 時間 | 地點 | 人物及主要事件 | 唐朝領軍主將 |
|---|---|---|---|
| 武德元年（西元618年）十一月 | 高墌 | 平定薛氏父子 | 李世民 |
| 武德二年（西元619年）一月 | 熊耳山 | 李密叛唐被殺 | 盛彥師 |
| 武德二年（西元619年）五月 | 涼州 | 李軌被俘身死 | 安修仁、安興貴 |
| 武德三年（西元620年） | 吳郡 | 沈法興投江而死 | |
| 武德三年（西元620年）四月 | 晉陽 | 劉武周兵敗身死 | 李世民 |
| 武德四年（西元621）五月 | 虎牢 | 竇建德被俘身死 | 李世民 |
| 武德四年（西元621年）五月 | 洛陽 | 王世充投降被殺 | 李世民 |

| | | | |
|---|---|---|---|
| 武德四年（西元621年）十月 | 江陵 | 蕭銑降唐被殺 | 李孝恭、李靖 |
| 武德五年（西元622年）七月 | 藍田 | 李子通叛唐身死 | |
| 武德六年（西元623年）一月 | 饒陽 | 劉黑闥兵敗身死 | 李世民、李建成 |
| 武德六年（西元623年）二月 | 党州 | 徐圓朗兵敗身死 | |
| 武德六年（西元623年）十二月 | 洪州 | 張善安兵敗身死 | 李大亮 |
| 武德七年（西元624年）二月 | 漁陽 | 高開道自殺身死 | |
| 武德七年（西元624年）三月 | 丹陽 | 輔公祏兵敗身死 | 李孝恭、李靖 |
| 貞觀元年（西元627年）五月 | 馬邑 | 苑君璋降唐 | |
| 貞觀二年（西元628年）四月 | 朔方 | 梁師都兵敗身死 | 柴紹、薛萬均 |

表格列出了被平定的十六大割據勢力，我們按照平定的方式將這十六大割據勢力劃分為三類。

第一類，使用武力透過艱苦卓絕的戰鬥予以平定。包括薛氏父子、劉武周、竇建德、王世充、蕭銑、劉黑闥與輔公祏等七人。

第二類，沒有採用大規模征戰方式而得以平定。包括李密、李軌、張善安、梁師都與徐圓朗等五人。

第三類，被其他割據勢力消滅，或者以投降的方式歸順唐朝。包括沈法興、李子通、高開道與苑君璋等四人。

由於在平定第二類和第三類勢力的時候，唐軍戰場優勢明顯，領軍主將在戰功方面的表現並不突出，所以參加此次評選的僅限於平定第一類勢力的領軍主將。

唐初平定第一類勢力領軍主將一覽表

| 割據勢力 | 唐軍領軍主將 |
|---|---|
| 薛氏父子 | 李世民 |
| 劉武周 | 李世民 |
| 竇建德 | 李世民 |
| 王世充 | 李世民 |
| 蕭銑 | 李孝恭、李靖 |
| 輔公祏 | 李孝恭、李靖 |
| 劉黑闥 | 李世民、李建成 |

非常明顯，主將的戰功排名為：一、李世民，二、李孝恭，三、李靖，四、李建成。

完成主將的排名後，我們繼續進行其他戰將的戰功排名。在這裡採用一種非常流行的分析方法——大數據分析法，來進行此項排名工作。具體做法是選出在本文中出現次數較多的主要將領，並按照出現次數的多少結合實際的戰場表現來進行排序。

李勣：五十三次，屈突通：四十四次，秦叔寶：二十六次，羅士信：二十三次，安興貴：十八次，盛彥師：十八次，程知節：十七次，尉遲恭：十六次，李神通：十五次，史萬寶：十二次，任瑰：十一次。

這裡面，羅士信因為在進攻劉黑闥的時候戰死洺州，死時年僅二十歲，他沒能參與之後的統一戰爭故此忍痛放棄。安興貴和盛彥師出現的次數相當，在這裡我會選擇安興貴，因為他是剿滅李軌、智賺河西的主將，而盛彥師雖然在熊耳山斬殺李密立下大功，但後來因為王薄事件受牽連被李淵處死，之後的統一之戰也沒有參與。

所以，綜合數據和戰場表現分析，最後的戰將排名為：一、李勣，二、屈突通，三、秦叔寶，四、安興貴。加上前面四位主將，目前已經選出了八位將領。那最後兩位是誰呢？我的答案是羅藝和杜伏威。

理由很簡單，這兩位被李淵封為異姓王的將領，羅藝占據幽州，抵抗住了高開道、竇建德和突厥軍隊的進攻，並在李世民、李建成經略河北的時候，於北部戰場給予劉黑闥強力地打擊；杜伏威則結束江南「三國」之爭，保有了富庶的江南地區，並在李世民和王世充展開中原大戰的時候，從側後方提供了有力的軍事支援。

雖然，羅藝和杜伏威最後的結局都不好，羅藝在貞觀初年叛唐被誅，杜伏威則受到輔公祏反叛事件的牽連而暴亡於長安，但實事求是而言，並不能因此抹殺二人為大唐統一所立下的功績。

故此，十大戰將排名：一、李世民，二、李孝恭，三、李靖，四、李建成，五、李勣，六、屈突通，七、秦叔寶，八、安興貴，九、羅藝，十、杜伏威。

慨然撫長劍，濟世豈邀名。
星旂紛電舉，日羽肅天行。
遍野屯萬騎，臨原駐五營。

登山麾武節，背水縱神兵。
在昔戎戈動，今來宇宙平。

——李世民〈還陝述懷〉

「慨然撫長劍，濟世豈邀名，在昔戎戈動，今來宇宙平。」大唐，在他的決策者、執行人李淵和李世民的帶領下，在眾多謀臣勇將的輔佐下，迎合人心思定的天下民意，透過明確清晰的策略決策和堅定不移的戰術執行以及堅苦卓絕、頑強不屈的戰鬥，最終平定群雄，肅清宇內，完成了統一大業。

但這僅僅只是個起點，後面還有更加艱鉅的歷史任務和無上榮光等待大唐去承擔、去實現，那就是征伐四方。

電子書購買　爽讀 APP

國家圖書館出版品預行編目資料

大唐盛世的百年征伐——定鼎長安：霍邑舉義首戰 × 爭奪河西走廊 × 平定幽州 × 收復河東……飲馬出長城，李唐統一江山的征戰史詩！ / 孔欣著 . -- 第一版 . -- 臺北市：崧燁文化事業有限公司, 2024.07
面；　公分
POD 版
ISBN 978-626-394-490-9( 平裝 )
1.CST: 唐史 2.CST: 通俗史話
624.109　113009573

# 大唐盛世的百年征伐——定鼎長安：霍邑舉義首戰 × 爭奪河西走廊 × 平定幽州 × 收復河東……飲馬出長城，李唐統一江山的征戰史詩！

臉書

作　　者：孔欣
發 行 人：黃振庭
出 版 者：崧燁文化事業有限公司
發 行 者：崧燁文化事業有限公司
E-mail：sonbookservice@gmail.com
粉 絲 頁：https://www.facebook.com/sonbookss/
網　　址：https://sonbook.net/
地　　址：台北市中正區重慶南路一段 61 號 8 樓
8F., No.61, Sec. 1, Chongqing S. Rd., Zhongzheng Dist., Taipei City 100, Taiwan
電　　話：(02) 2370-3310　　傳　　真：(02) 2388-1990
印　　刷：京峯數位服務有限公司
律師顧問：廣華律師事務所 張珮琦律師



定　　價：375 元
發行日期：2024 年 07 月第一版
◎本書以 POD 印製